社会思潮的网络引导

温丽华 / 著

中国大百科全书出版社

图书在版编目（CIP）数据

社会思潮的网络引导 / 温丽华著 . -- 北京：中国大百科全书出版社，2024. 12. -- ISBN 978-7-5202 -1788-0

Ⅰ . C912.67；G206.2

中国国家版本馆 CIP 数据核字第 2024EW7601 号

出 版 人　刘祚臣
策 划 人　程广媛
责任编辑　郭丽琴
责任校对　牛　昭
封面设计　博越创想·夏翠燕
版式设计　博越创想
责任印制　李宝丰
出版发行　中国大百科全书出版社
地　　址　北京市西城区阜成门北大街 17 号
邮　　编　100037
电　　话　010-88390703
网　　址　http://www.ecph.com.cn
印　　刷　北京九天鸿程印刷有限责任公司
开　　本　710 毫米 × 1000 毫米　1/16
印　　张　13
字　　数　193 千字
版　　次　2024 年 12 月第 1 版
印　　次　2024 年 12 月第 1 次印刷
书　　号　ISBN 978-7-5202-1788-0
定　　价　56.00 元

目　录

绪　论

信息技术革命推动了人类政治、经济、文化等方面的变革，人们对互联网的使用与依赖程度越来越高，我们在享受互联网带来的信息流与便捷度的同时，也深受互联网的桎梏。当前，互联网已经成为舆论斗争的主战场，习近平总书记强调："没有网络安全就没有国家安全。"[1] 面对互联网万象，如何运用好、管理好、建设好互联网，有效引导社会思潮，成为维护国家安全和人民利益的重大课题。党的二十大报告提出的"建设具有强大凝聚力和引领力的社会主义意识形态"，为推动形成良好网络生态、开展社会思潮的网络引导指明了方向。本书在马克思主义理论的指导下，结合传播学、心理学的相关知识，深入分析社会思潮的网络引导，掌握其特征、原则和方法，进一步加强全媒体传播体系建设，塑造主流舆论新格局。

一、问题的提出

社会存在决定社会意识，"人们自觉地或不自觉地，归根到底总是从他们阶级地位所依据的实际关系中——从他们进行生产和交换的经济关系中，获得自己的伦理观念"[2]，一定社会思潮产生于一定的社会经济基础之上，蕴

---

[1] 《习近平谈治国理政》第 1 卷，外文出版社，2018，第 198 页。
[2] 《马克思恩格斯文集》第 9 卷，人民出版社，2009，第 99 页。

含着一定社会的矛盾和需求，是社会存在的反映。同时，社会意识对社会存在具有反作用，不同的社会思潮会对社会存在产生不同的影响。随着不同社会思潮在网络上传播带来的诸多影响，如何运用网络开展社会思潮的引导工作，既关系到国家安全，又影响着社会的稳定和个人的发展，是我国意识形态建设的重要组成部分。

网络是思想文化信息的集散地和社会舆论的放大器。世界在变平的过程中，各国逐渐变成"你中有我，我中有你"的命运共同体，互联网已经成为意识形态斗争的主阵地和主战场。纵观现在的网络空间，不乏出现一些虚假、诈骗、攻击、谩骂、恐怖、色情、暴力等现象，一些社会思潮的错误观点在网络上的传播与蔓延威胁着社会和国家的稳定安全。党的十八大以来，我国不断加强网络意识形态建设，从制度建设、平台建设、人才培养、媒体创新、网络文化产品监控等多方面努力，取得了显著的成效，网络生态持续向好，意识形态领域形势发生全局性、根本性的转变。即便如此，由于存在主导力不足、创新力不够、协同力较弱等问题，导致和网民在网络上不能很好同向同行、同频共振，"说的传不到""想的猜不着""做的管不好"等现象时有发生。在网络上形成了两种话语体系，一种是主流媒体的政治话语体系，一种是网民的网络话语体系，两种体系之间有一定壁垒但又共同存在。一方面各种主流的网络平台、网络 APP、网络文化产品如雨后春笋般出现，种类繁多，但红色阵地的吸引力还有很大的提升空间。另一方面，一些灰色阵地、甚至黑色阵地的内容运用网络平台侵蚀着网民，泛娱乐主义、个人主义、拜金主义、历史虚无主义、民主社会主义等社会思潮在网络上传播。

基于此，网络意识形态建设是学术界近几年研究的热点问题，但基本上还是停留在原有的工具载体层面，仅仅把网络当成是一种工具，并未深入、系统、全面地看待互联网时代。要想科学分析和理性判断网络社会中存在的社会思潮现象，营造风清气正的网络空间，就必须从事物的本质和规律入手，最终掌握运用网络引导社会思潮的方法。本书旨在透过现象看本质，寻找在网络时代开展社会思潮网络引导的模式、原则和方法，从而为具有强大凝聚力和引领力的社会主义意识形态提供理论指导和实践意义。

二、研究意义

意识形态工作是党的一项极端重要的工作。在信息化时代，互联网日益成为意识形态斗争的主阵地、主战场、最前沿。能不能牢牢掌握意识形态工作领导权，关键要看能不能占领网上阵地，能不能赢得网上主导权。可见，社会思潮的网络引导，不仅直接关系到人民群众的网络生态环境，也关系着国家的长治久安。因此，研究社会思潮的网络引导，具有重大理论意义和现实意义。

（一）理论意义

1. 深化网络思想政治教育理论。自20世纪90年代开始，中国全面触网，从开始的排斥、抵制到后期的积极融入，再到现在的主动研究，网络已经成为思想政治教育学科研究的前沿与热点。中国学术界对网络的研究不断深入，一些思想政治教育学科的专家、学者开始就网络思想政治教育进行研究，其中不乏有见地的学术成果。纵观现有研究，大多数网络思想政治教育理论是从意识形态建设的宏观层面去论述，研究网络意识形态建设的制度规划、内容建设、方式方法建设、网络技术与安全建设等。本书选取社会思潮这一角度，深入研究社会思潮在网络上的传播与引导，有助于深化网络思想政治教育理论。同时，本书运用交叉学科思维，将传播学、心理学的相关理论引入研究中，丰富了思想政治教育学科的研究方法，有助于实现思想政治教育学科的传承与发展。

2. 总结社会思潮网络传播及引导的特征、原则和模式。学术界对社会思潮网络引导的研究多数从方法论的角度，分析运用网络开展社会思潮引导的方式方法，未能系统总结社会思潮网络引导的特征、原则和相关的引导模式等。毛泽东指出"认识的真正任务在于经过感觉而到达于思维，到达于逐步了解客观事物的内部矛盾，了解它的规律性，了解这一过程和那一过程间的内部联系，即达到于论理的认识"①。因此，我们分析社会思潮的网络引导，应该充分把握其内部矛盾和其规律性、特殊性等。本书希望在前期学者研究的基础上，分析现阶段社会思潮网络传播及引导的困境，从社会思潮网络传播及引导的要素、特征、本质、模式、原则、方法入手，较为系统地总结社会思潮网络传播及引导的理论脉络。

3. 促进社会主义意识形态理论研究的与时俱进。意识形态工作是为国家立心、为民族立魂的工作。党的二十大报告进一步指出了要建设具有强大凝聚力和引领力的社会主义意识形态，这是新时期马克思主义学科的重大课题。社会主义意识形态作为我国主流社会思潮，如何推进社会主义意识形态理论研究与时俱进，是巩固壮大奋进新时代主流思想舆论的重要课题。随着网络社会的崛起，人们的生产生活实践活动都与网络息息相关，社会主义意识形态理论研究也应如此，应该"把科学首先看成是历史的有力的杠杆，看成是最高意义上的革命力量"②，同时紧扣时代主题，结合网络时代的特点，研究新的规律和方法。本书结合网络时代的特征，关注社会思潮研究领域的新事物、新规律、新发展动态，分析现阶段社会主义意识形态建设中存在的问题与挑战，将马克思主义学科的理论和方法具体运用到人们日常接触的网络现象中，引导人们学会用马克思主义的科学方法分析现象，用主流意识形态引领社会思潮，有效提高社会主义意识形态的凝聚力和引领力。

（二）实践意义

理论的重要作用在于指导实践，实践是检验真理的唯一标准。毛泽东在《实践论》中指出："马克思主义的哲学认为十分重要的问题，不在于懂得了客观世界的规律性，因而能够解释世界，而在于拿了这种对于客观规律性的认识去能动地改造世界。"③学术研究的最终落脚点在于指导社会实践，本书在理论研究的基础上，具有以下实践意义。

---

① 《毛泽东选集》第 1 卷，人民出版社，1991，第 286 页。
② 《马克思恩格斯全集》第 19 卷，人民出版社，1963，第 372 页。
③ 《毛泽东选集》第 1 卷，人民出版社，1991，第 292 页。

1.有助于提高我国网络空间治理能力。我国网民人数巨大，网络空间治理任务艰巨、意义重大。从大处讲，世界各国充分运用互联网驱动政治经济的发展，收益颇丰，但大国网络霸权问题一直存在，核心技术垄断、网络监听、网络攻击等现象时有发生，没有网络安全就没有国家安全。从小处讲，互联网为人们的生产生活带来了便利，但同时也让人们陷入网络暴力、网络诈骗等各类网络安全隐患中，没有网络安全也就没有人民的安居乐业。如何建设好主流意识形态，帮助网民自觉分辨和抵制网络上的错误思潮，营造风清气正的网络空间，是关系我国网络安全的重要课题。本书系统研究网络社会中广泛传播的几种社会思潮，分析社会思潮网络传播带来的不良影响，总结我国社会思潮网络引导面临的挑战，提出把握社会思潮网络引导的时、度、效。本书根据网络传播规律，积极弘扬主旋律，激发正能量，为营造风清气正的网络空间提出有效建议。

2.有助于破解社会思潮引导工作难题。当前社会思潮引导工作存在着一些困境，呈现"说的传不到""想的猜不着""做的管不好"等现象，原因在于以下几点：一是引导者没有把握被引导者的接受与成长规律，未能结合被引导者的需要，采取喜闻乐见的方式开展社会思潮引导工作；二是引导者没有准确把握新时期社会思潮的表现形式，未能把主流社会思潮落细落小落实，不能引起被引导者的共鸣；三是在信息时代，纷杂多元的网络信息给主流社会思潮的宣传教育工作带来了难度，一些引导者未能融合信息技术与思想政治教育工作的传统优势，引导过程缺乏时代感和吸引力。本书在马克思主义理论的指导下，分析社会思潮在网络上传播的主要形态与重要特征，揭示社会思潮网络引导的基本原则和具体方法，因事而化、因时而进、因时而新，有助于破解社会思潮引导工作的难题。

3.有助于提高网民的网络文明素养。网络具有隐蔽性、去中心化、互动性、便捷性、多元性、发散性、自主性等特征，给网民带来便捷的同时，也带来了诸多问题。网络喷子、键盘侠、网络暴力等不文明行为层出不穷，利用"AI换脸""AI换声"等合成技术进行网络诈骗等犯罪现象时有发生，网民的责任感、义务感、道德感亟须提升。掌握网络社会规律、分析网民网络行为背后蕴含的深层矛盾是提高网民网络文明素养的重中之重。本书分析网络社会的主要特征，研究社会思潮网络引导中的主体、客体、载体、环体，以及他们之间的互动机制，能够帮助网民在网络空间中明辨是非，分辨不同社会思潮的不同表现形态，自觉抵制不良社会思潮的侵蚀，自觉参与到社会主义网络文化建设的队伍中，实现现实与网络的统一，线上与线下的统一，教育与自我教育的统一。

三、国内外研究综述

20 世纪 90 年代开始，互联网技术迅猛发展，社会思潮在网络上不断传播，出现新的现象和新的问题，社会思潮的引导面临着新的机遇和挑战。在此现象的推动下，国内外学者开始研究社会思潮的网络传播及引导，其中不乏科学有价值的研究成果。

（一）国内研究综述

随着互联网的兴起，学界对社会思潮与互联网两者之间的关系进行了不同角度的研究，主要表现为：其一，分析作为社会思潮的传播载体和背景条件的互联网对我国社会主义意识形态安全带来的机遇和困境，探讨其对策。这方面的研究成果颇为丰富。其二，将网民在网络上的表达与行为看作一种思潮，并对这种思潮的特征进行研究。例如杨文华的《网络文化的意识形态渗透及其应对》。其三，把科学技术直接作为一种思潮进行学理论证。例如刘英杰的《作为意识形态的科学技术》、程同顺的《互联网技术的政治属性与意识形态传播》。在众多研究中，以下几本著作的观点具有代表性。

林泰教授主编的《问道：改革开放以来的社会思潮与青年思想政治教育研究》，梳理了改革开放以来社会思潮发展演变的历史脉络，总结了社会思潮形成发展的一般规律，从众多社会思潮中选择民主社会主义思潮、新自由主义思潮、历史虚无主义思潮、当代中国文化保守主义、人道主义和异化思潮等进行评析。书中将理论与实例结合，体现党性和科学性、理论性和可读性的统一，大道至简地剖析了各类思潮的本质，同时结合青年大学生的思想特点，指出用社会主义核心价值体系引领社会思潮的科学内涵和有效途径。其中在"社会思潮传播的形式"一节中，作者将舆论形态总结为社会思潮传播的重要形式，指出信息化时代新媒体对社会思潮传播带来的革命性变化。书中认为，网络的出现使大众成为平等参与思想交流的主体，网络舆论也呈现出互动式的特征，使得社会思潮的传播更为迅速、广泛和热烈，如何引导网络信息成为以社会主义核心价值体系引领社会思潮的重要课题。①

陈立思教授在《社会思潮与青年教育》中讲解了各种社会思潮的实质、特征，以及社会思潮发生、传播和运行的规律等，阐述了社会思潮分别与社会生活、青年群体、社会运动的关系，并进一步指出了社会思潮评论的意义、方法、原则等。其中，第二章"社会思潮与社会生活"阐述了信息时代新媒体对社会思潮传播的影响，指出新媒体对社会思潮的内容、传播过程、传播效果都产生了影响，因此新媒体的运用需要改变引导策略。书中认为，信息化时代，社会思潮的内容呈现出大众化、平民化、通俗化的特点，社会思潮的传播过程呈现多样化、快速性和精准性的特征，传播范围更广、程度更深，但同时也给社会大众带来信息困扰，使之无所适从，无法分辨。针对这些现状，我们要把新媒体当成社会思潮引导和主流思想舆论宣传的重要平台，一方面建立健全引导机制，发挥新媒体的重要作用，另一方面，也要遵循新媒体的规律，以引导为主，尊重差异性，包容多样性，辅以控制的科学监管方式。②

佘双好教授在《当代社会思潮对高校师生的影响及对策研究》中，结合调查问卷讲述了社会思潮的基本内涵、特征及思潮对高校学生与教师影响的研究现状。随后，还分别讲述了当代社会思潮、新自由主义思潮、民主社会主义思潮、民族主义思潮、文化保守主义思潮、后现代主义思潮和"普世价值"思潮对高校师生的影响及对策分析。书中阐述了网络是高校师生知晓社

---

① 林泰主编《问道：改革开放以来的社会思潮与青年思想政治教育研究》，中国社会科学出版社，2013。
② 陈立思主编《社会思潮与青年教育》，北京大学出版社，2011。

会思潮并受其影响的重要渠道，应结合当代大学生的特点，积极探讨网络教育引导的新方式，注重显性教育与隐性教育、理论教育和活动教育、课内教育和课外教育、直接教育与间接教育相结合。同时，应该加强对社会舆论环境，特别是网络舆论环境的建设，用马克思主义理论和社会主义核心价值体系占领宣传思想文化阵地，提升主流意识形态的主导地位。①

蒲红果在其《说什么怎么说：网络舆论引导与舆情应对》一书中，从网络舆情的角度切入，分析了网络中的批判主义、民族主义、民粹主义、实用主义等思潮与网络舆情之间的关系。该书用一些影响较大的网络事例，说明近几年来网络上兴起的各类思潮，并阐述了其影响力。书中罗列了中国当前网络舆论的突出社会思潮倾向，并针对这些现象进行了分析，并从网络舆情引导和应对的角度，提出应对的主要方法、总体思路、基本原则等，具体包括：网络舆情监测、网络舆情研判、网络舆情呈现的方法；及时发声、解决问题、态度诚恳、遵循规律、注重有效的原则；快说事件、慎报原因、持续发布、不留空间，意见领袖、为我所用等常用技巧，具有较强的实践指导意义。②

除了以上专著以外，各位学者还针对社会思潮的网络传播及引导发表了诸多论文。这些论文中，分别研究网络和社会思潮的文章较多，而研究社会思潮网络引导的文章较少。在已有的研究成果里，篇名多为"网络时代……社会思潮……"的格式，也就是停留在工具层面，注重研究社会思潮是如何在网络上进行传播的，分析传统社会思潮在网络上的渗透、传播和影响，以及用马克思主义引领社会思潮的相关方法。具体综述如下。

1. 关于社会思潮的网络传播现状研究

学术界认为互联网上出现了诸多社会思潮，诸如民粹主义、民族主义、无政府主义等，不同学者结合不同社会思潮进行了相关的研究。徐艳玲等认为："伴随着网络空间的不断拓展，以'普世价值'论、网络自由论、价值虚无主义、民粹主义、恐怖主义等为代表的西方社会思潮，不仅在网络空间

---

① 余双好：《当代社会思潮对高校师生的影响及对策研究》，中央编译出版社，2012。
② 蒲红果：《说什么怎么说：网络舆论引导与舆情应对》，新华出版社，2013。

制造各种乱象，而且对我国网络意识形态安全造成巨大困扰。"①杨宇辰认为："网络泛娱乐主义是以互联网为传播媒介，将娱乐化表达作为公共话语方式、将娱乐价值视为最高文化价值的新社会思潮。"②卜建华认为："网络民族主义思潮作为一种社会思潮，具有政治参与功能、意识形态功能、思想政治教育功能和外交功能。"③曹建萍以"网络民粹主义"为例，结合网络传播理论模型，归纳出民粹主义在网络上的发生机制，并结合现代社会分层理论，分析网络民粹主义产生的根本原因。郑雯等将改革开放作为一种社会思潮进行研究，认为"作为一种网络社会思潮，改革开放是多元、立体、变动的存在，从内部论争走向对外关系"④。马建军等认为近年来，历史虚无主义在网络上传播过程呈现出以下表现形态："一是通过所谓'真相'抹黑革命领袖、诋毁革命英雄；二是通过'削株掘根'从源头上否定党的指导思想马克思主义；三是通过掀刮'民国风'美化中华民国、质疑革命、影射当下；四是通过制造'精日'乱象媚日辱国，践踏民族尊严。"⑤还有一些学者研究了一些新兴的网络社会思潮的传播，如网络泛娱乐化思潮、网络极端主义思潮等在网络上的具体体现。

关于社会思潮在网络传播带来的影响，学者们认为网络是把双刃剑，扩大民众信息源的同时也为一些错误思潮提供了更便利的传播渠道，导致矛盾和冲突增加，对我国意识形态安全造成威胁。崔聪等认为："网络民粹主义思潮造成社会分化和对政治国家的拒斥性认同，并割裂了爱国主义的整体之爱，是狭隘和盲从的爱国主义。"⑥栗蕊蕊等认为历史虚无主义具有"网络话

① 徐艳玲、李朝慧：《西方网络空间社会思潮乱象对中国的影响及其应对》，《思想教育研究》2022年第4期。
② 杨宇辰：《祛魅与超越：网络泛娱乐主义思潮下的青年亚文化审视》，《宁夏社会科学》2021年第2期。
③ 卜建华：《中国网络民族主义思潮的功能与影响研究》，博士学位论文，中南大学，2012。
④ 郑雯、桂勇、黄荣贵：《论争与演进：作为一种网络社会思潮的改革开放——以2013-2018年2.75亿条微博为分析样本》，《新闻记者》2019年第1期。
⑤ 马建军、周玉：《历史虚无主义网络传播的表现形态透视及治理》，《西南民族大学学报（人文社会科学版）》，2019年第6期。
⑥ 崔聪、张励仁：《"网络民粹主义"思潮影响下爱国主义价值观培育的挑战与应对》，《理论导刊》2020年第1期。

语去语境化、去本体化、去宏大化等三重逻辑性，以及对立性、颠覆性和反动性的政治诉求"①。但同时也有一些学者认为，社会思潮在网络上的传播扩大了广大民众的信息源，客观上促进了民众参与国家政治的热情，为开展主流意识形态宣传教育提供了契机。如有学者认为网络民族主义对外交政策产生的影响逐渐加大，"它通过高举爱国主义的旗帜进行社会动员，通过强大的民意支持增强外交政策的群众基础与舆论基础，并使外国政府感到中国民众的压力并调整政策"②。

2. 关于网络社会思潮内涵的研究

有学者认为伴随着互联网技术的发展和社会思潮的网络传播，就形成了网络社会思潮。对网络社会思潮的定义大体分为三种类型，"一是现实社会思潮的网络化；二是网络社会不断孕育在指向、诉求、主张等方面与思潮原初形态相异的变种，如网络民族主义、网络民粹主义、网络消费主义等；三是网络社会新兴的社会思潮，如网络仇官仇富思潮、网络审丑思潮、网络戏仿思潮等"③。他们认为互联网的这些思潮既有技术的基础，也有社会的根源，"互联网思潮是网络技术的特有产物，与网民的特性密切关联，是社会思潮在网络上的折射。网络思潮的技术根源是网络的分散性、匿名性、聚集性和偏激性，网络思潮是对现实的反映和延伸"④。

关于网络社会思潮的特征，黄方楠等认为："网络形态的改变，加剧了非理性因素的'崛起'，社会思潮网络传播呈现出新的形态。网民成为社会思潮网络传播的主体，网民个体对高层次需求的追求和对本我的释放，加强了个体对社会思潮的表达欲，形成社会思潮网络传播的非理性表达现象；社会思潮群体通过社会认同的心理过程显现出群内偏好和群外偏见，形成群内

---

① 栗蕊蕊、闫方洁：《历史虚无主义的网络话语表征与逻辑陷阱》，《思想教育研究》2018 年第 10 期。

② 卜建华：《当前网络民族主义思潮的传播对中国外交的影响》，《山东社会科学》2017 年第 10 期。

③ 方付建：《网络社会思潮的发展动向与引导策略》，《光明日报》2015 年 7 月 30 日第 16 版。

④ 陶文昭：《互联网的社会思潮》，《电子政务》2010 年第 4 期。

情绪感染和对群外成员的非理性攻击行为。"① 有部分学者认为网络社会思潮具有"宣传目标呈现出'寻求合法性，谋求主导性'、依托素材呈现出'用史料分析，借事件论证'、观点呈现出'两端声音强，中间声音弱'、边界划分呈现出'复合的主张，模糊的身份'、成长策略呈现出'树一面旗帜，占一块阵地'、传播方式呈现出'多元化传播，交互式扩散'、组织状况呈现出'群体有核心，受众有圈层'、关注对象呈现出'瞄准领导层，寻找对立面'的特征"②。也有学者认为网络社会思潮呈现出"标题化、碎片化、隐蔽性、弱辨析性和时机针对性等特征"③。有学者就某种社会思潮的特征进行研究，袁婷婷认为："智媒时代网络民粹主义思潮的传播呈现出新特点：传播主体游离不定化、中等收入化，传播内容碎片化、娱乐化，传播受众圈层化、年轻化，传播媒介生活化、'算法'化，传播效果裂变化、纵深化。"④

关于网络社会思潮的要素，学术界认为网络社会思潮在"传播主体方面，社会思潮的参与群体复杂，思潮主体的大众化和多元化，生产与传播不再仅由精英完成"⑤。传播的载体主要包括论坛、网站、博客等，传播的受众中，大多数学者集中研究社会思潮对青年群体的影响，认为"多元社会思潮的网络传播对青年核心价值观认同培育的影响和冲击日益加剧，致使青年核心价值观认识意识模糊、青年价值选择多源性冲突和困惑、青年价值表达和行为选择功利化"⑥。

3. 关于社会思潮网络引导方法的研究

关于引导的原则和指导方针，学者们认为应该在网络上坚持用社会主义核心价值观引导社会思潮，在引导过程中，要坚持"科学性、及时性、针

---

① 黄方楠、李明德：《社会思潮网络传播中的非理性因素：形态、成因及引导》，《人文杂志》2022 年第 2 期。

② 方付建：《网络社会思潮的表现形态与主要特征分析》，《思想教育研究》2018 年第 1 期。

③ 杨建义：《历史虚无主义的网络传播与应对》，《思想理论教育导刊》2016 年第 1 期。

④ 袁婷婷：《智媒时代网络民粹主义思潮传播的新特点及其治理策略》，《理论导刊》2022 年第 12 期。

⑤ 王娟、刘文雅：《网络社会思潮研究的缘起、论域与展望》，《社会科学动态》2019 年第 12 期。

⑥ 秦程节：《社会思潮网络传播对青年核心价值观认同的影响及应对》，《学校党建与思想教育》2017 年第 9 期。

对性和系统性等原则"①，"坚持马克思主义政治立场，揭露西方宪政民主思潮的真实用意，坚持走中国特色社会主义法治道路，增强网络意识形态话语权"②。总体而言，就是需要在马克思主义思想的指导下，树立一面旗帜，建立一个总纲，形成一套思想理论框架，"既要保持战略定力，增强对中国特色社会主义的理论自信；又要以变应变，充分体现主流意识形态的先进性，发挥主流意识形态的批判、辩护、引导、教化、吸纳和控制功能，建立起主流意识形态与网络社会思潮之间的健康关系"③。

在具体的引导方式上面，学者们主要从提高引导者的网络素养、增强主流意识形态内容的吸引力、营造风清气正的网络环境、开发多元互动的网络平台几个方面进行阐述。他们认为应该加强主流意识形态网络专业人才队伍建设，提高网络话语的吸引力和有效性，并进一步发挥网络意见领袖的作用。李明德等认为，应该"优化权利比例，平衡两大意见领袖群的和谐关系；强化理性教育，促使媒介及思潮传播相关主体回归本真；健全社会关爱体系，考量思潮传播与民意表达的良性接轨办法；合理制造刻板印象，扭转网民关注指向和淡漠心态；构建多元主体协同管控机制，着力提升风险规避成效"④。李冉冉认为，应该"净化网络环境，做好网上引导工作，紧密结合实际，加强理性爱国主义教育和实现价值引领"⑤。石海兵认为应该系统建构社会思潮网络传播背景下青年社会主义核心价值观培育的战略策略，包括"议程设置策略、传播主体与主题控制策略、网络意见领袖引导策略、传播形式与载体优化策略等"⑥。曹建萍认为要"在网上构建生态型网络社会，在

---

① 赵继伟、周珊宇：《论以中国特色社会主义民族理论引领民族主义思潮的主要原则》，《学校党建与思想教育》2016 年第 15 期。
② 赵丽涛：《西方宪政民主思潮的网络议题与引导策略》，《思想理论教育》2019 年第 1 期。
③ 吴新文：《中国特色社会主义理论体系引领网络思潮》，《中国社会科学报》2017 年 9 月 26 日第 1300 期。
④ 李明德、寇杰：《媒介公信力维系视角的社会思潮网络传播风险与规避策略》，《华夏文化论坛》2022 年第 1 期。
⑤ 李冉冉：《网络民族主义思潮对大学生思想行为的影响及其引导策略》，《山东青年政治学院学报》2019 年第 3 期。
⑥ 石海兵：《社会思潮的网络传播与青年社会主义核心价值观培育研究概要》，《湖北社会科学》2014 年第 1 期。

网下调整当代社会阶层结构"①，线上与线下相结合最终在网络上实现对社会思潮的引导。邓验等认为社会思潮的网络引导要坚持"有理引导、有利引导、有节引导"②的交织共存，即构建社会思潮网络引导的哲学理论体系，坚持有利于社会主义和谐社会发展的出发点和落脚点，并尊重差异、包容多样，把握好引导的节奏与程度。

纵观国内已有的研究可知，社会思潮网络引导方法的研究有一定的基础，其中不乏上乘之作，但可进一步探讨之处在于：一是国内分别研究网络和研究社会思潮的学者较多，但系统研究社会思潮的网络传播及引导的学者较少，且现阶段国内的研究大多停留在分析传统社会思潮向网络进军的阶段，只涉及了网络空间中社会思潮的一小部分；二是学者们多关注某一种社会思潮在网络上的传播和影响，对整个社会思潮与网络本质性和规律性的探索较少且未有系统的成果；三是对引导方式的研究多采用和传统社会思潮引导方式相同的研究范式，并没有把握住网络的特殊性和规律性。可见，在现阶段，对以下问题的研究还有较大的空间，如社会思潮网络传播及引导的特殊性体现在哪里？社会思潮网络引导各要素之间的关系是什么？社会思潮网络引导需要遵循什么原则？社会思潮网络引导具体的方法有哪些？因此，本书具有较大的研究价值。

（二）国外研究综述

国外学者对网络和社会思潮进行了较为系统的研究，但对社会思潮的网络传播及引导研究较少。

1. 关于网络社会的研究

国外学者系统研究了网络对经济、政治、文化等方面产生的影响，其中以美国学者曼纽尔·卡斯特著的《信息时代三部曲：经济、社会与文化》（包括《网络社会的崛起》《认同的力量》《千年终结》）最具有代表性。曼纽

---

① 曹建萍：《马克思主义视域下我国网络民粹主义研究》，博士学位论文，新疆大学，2016。
② 邓验、赵林涛、聂智：《网络思潮意识形态引导工作合理法则探究》，《湖南大学学报（社会科学版）》2016年第3期。

尔·卡斯特在《网络社会的崛起》中首先论述了信息时代经济与社会的发展变化，阐述了网络社会中个人与国家面临的机遇与挑战；《认同的力量》主要分析在全球化和网络化空间中，国家、民族、社区与个人身份的认同；《千年终结》在前两卷宏观叙述的基础上，以苏联的解体为分析的起点，分析新时期认同的建构、父权家长制与民族国家的危机等，显示出历史时代的终结。① 美国学者托马斯·弗里德曼的《世界是平的：21世纪简史》也在全世界范围内造成了一定的影响，其分析了抹平世界的十大推动力量，证明了网络化、全球化对世界的重要意义，紧接着阐述了世界变平给国家、公司、社会和个人带来的机遇与挑战。② 还有美国学者尼古拉·尼葛洛庞帝的《数字化生存》阐明了信息技术、互联网对时代和人们生活的影响和价值。③

2. 关于社会思潮的研究

美国语言学家、政治活动家诺姆·乔姆斯基的《新自由主义和全球秩序》揭示了美国新自由主义的基本内容，阐述美国新自由主义反市场经济、反自由、反民主和人权的本质。④ 英国学者罗杰·斯克拉顿在《保守主义的含义》里全面阐述了保守主义的基本原则，强调传统的作用，主张加强法治，维护社会秩序，强化国家的权威。⑤ 英国学者佩里·安德森则在《思想的谱系：西方思潮左与右》中全面阐述了当代思想领域发生的种种变化，如从极右派、自由主义中间派到马克思主义左派，从保守思想、自由思想到激进思想等。⑥ 国外一些学者针对社会主义思潮进行研究，代表作有美国学者舒衡哲的《中国的启蒙运动——知识分子与五四遗产》，费正清、费维恺的《剑桥中华民国史（上下卷）》，莫里斯·迈斯纳的《毛泽东与马克思主义、

① 曼纽尔·卡斯特著，夏铸九、王志弘译《网络社会的崛起》，社会科学文献出版社，2003。曼纽尔·卡斯特著，夏铸九、黄丽玲译《认同的力量》，社会科学文献出版社，2003。曼纽尔·卡斯特著，夏铸九等译《千年终结》，社会科学文献出版社，2006。
② 托马斯·弗里德曼著，何帆、肖莹莹、郝正非译《世界是平的：21世纪简史》，湖南科学技术出版社，2008。
③ 尼古拉·尼葛洛庞帝著，胡泳、范海燕译《数字化生存》，电子工业出版社，2017。
④ 诺姆·乔姆斯基著，徐海铭、季海宏译《新自由主义和全球秩序》，江苏人民出版社，2000。
⑤ 罗杰·斯克拉顿著，王皖强译《保守主义的含义》，中央编译出版社，2005。
⑥ 佩里·安德森著，袁银传译《思想的谱系：西方思潮左与右》，社会科学文献出版社，2010。

乌托邦主义》等，对马克思主义中国化及其系列理论成果进行广泛研究。近年来，伴随着中国国力的增强，国外对习近平治国理政思想的研究也在不断丰富，代表作有美国罗斯·特里尔主编的《习近平复兴中国》和《大国领袖习近平：国际视野中的杰出政治家与战略家》、哈佛大学托尼·赛奇的《中国政治与治理》、英国威廉·琼斯的《从丝绸之路到世界大陆桥》、俄罗斯尤里·塔夫罗夫斯基的《习近平：正圆中国梦》等。学者们梳理了习近平新时代中国特色社会主义思想的形成发展脉络，关注习近平经济、政治、文化、社会和生态文明等思想。

纵观国外的这些研究，可以发现大多数研究都集中在网络对不同学科和领域带来的变化，或者是集中研究某种社会思潮，而缺乏专门研究社会思潮网络传播及引导的专著与文章。同时对社会思潮网络传播及引导的主体、客体、载体、环体的界定和研究较少，对其原则和引导方式的研究也还有较大的空间。对社会主义思潮的研究虽然不断丰富但还不够全面与深入，大多数学者结合本国利益和战略研究社会主义思潮，并进一步探索、分析和预测中国，也有一部分从借鉴中国经验的角度进行研究，但同时存在对社会主义思潮的评价不够客观，甚至一些抱着否定的态度，使我们更加意识到加强社会主义意识形态建设的重要性。

以上成果为本书的研究奠定了基础，提供了大量的案例，是本书撰写的重要保证条件。但学术研究永无止境，在世界多极化、经济全球化、社会信息化和文化多元化的过程中，国际国内形势千变万化，意识形态斗争日益严峻。特别是伴随着新一轮科技革命的进展，互联网对各国意识形态建设的重要性不断凸显，网络成为社会思潮传播及引导的重要场域。因此，本书结合前人的研究，立足"社会思潮的网络传播及引导"这一研究方向，对其要素、原则、方法、模式等进行系统研究，以求为学术研究和实践探索贡献绵薄之力。

四、研究框架和创新点

科学的研究离不开科学的方法和完整的研究框架。本书的研究思路、方法、重难点和创新点具体如下。

（一）研究思路

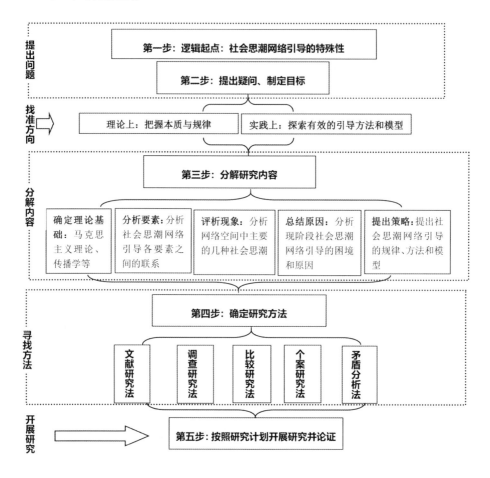

本书聚焦"社会思潮"这一对象，基于引导困境，应用一个机制，立足两大主体，遵循三大原则，提出三种方法，从理论上阐释要素，从实践上分析问题，从行动上研究对策。即运用"主体互动保障机制"开展系统分析，基于"引导者—受众"两大主体间性，结合理论研究和实践分析，提出遵循

"一元主导、多元并存；以人为本、统筹兼顾；创新驱动，一体化发展"的原则，提出"增加吸引力、提高辨析力、注重引导技巧"三种方法，最终实现促进网络意识形态建设的目标。

（二）研究方法

本书采取文献研究法、比较研究法、个案研究法、矛盾分析法进行研究：

1. 文献研究法

文献研究法是本书的基本研究方法。科学研究需要站在巨人的肩膀上，前人的研究为本书奠定了坚实的基础，也只有在对前人研究进行科学分析、对比、借鉴、扬弃的过程中，才能找准自己的研究方向，明确本研究的价值。本书立足于"网络"，在传统的纸质资料的基础上，将研究大量的电子资料，包含网络文章、网络视频、网络图片等，书中对这些有声和无声的资料进行查阅、整理、归纳、分析，从而找准突破口，寻找到科学的理论基础和有效的实践路径。

2. 比较研究法

比较研究法是指对不同事物的各类现象进行对比研究，从而寻找出异同、概括出规律、总结出本质的研究方法。比较研究法是马克思主义唯物辩证法的具体运用，充分考虑了事物之间的联系。本书在评析网络各种社会思潮中、在分析各种传统社会思潮线上线下传播异同中、在分析社会主义意识形态与其他社会思潮的区别中，均采用了比较研究法，在比较中掌握普遍性和特殊性，总结相关规律和本质。

3. 个案研究法

个案研究法即充分考虑事物的特殊性，选取具有代表性的个案进行深入分析的研究方法。本书选取加多宝侮辱烈士恶性营销事件、新疆棉事件、抖音中华民国姨太太风等案例进行深入分析，总结出社会思潮在网络上传播的规律。书中还列举了人民日报等主流媒体进行个案分析，总结出开展社会思潮网络引导的有效方式。

4. 矛盾分析法

矛盾分析法也是马克思主义唯物辩证法的重要组成部分，要求我们一分为二看问题，具体问题具体分析，抓住重点。本书在分析各类网络社会思潮时，采用矛盾分析方法，既看到其积极面，也看到其消极面，同时透过现象看背后的矛盾点。人们的网络行为源于现实生活中的矛盾与需求，社会思潮在网络上的传播也是社会矛盾在网络上的体现。因此，全文采用矛盾分析法，从线下生活中的矛盾出发，分析网络上传播的各类社会思潮的本质，有的放矢开展引导工作。

马克思主义认识论认为，人们对事物的认识总是要经过"实践—认识—再实践—再认识"这一循环的过程，这是认识运动的总规律，毛泽东曾指出："实践、认识、再实践、再认识，这种形式，循环往复以至无穷，而实践和认识之每一循环的内容，都比较地进到了高一级的程度。"[1] 本书的基本思路正是在遵循这一总规律的基础上，从社会思潮的表面现象出发，层层深入剖析，结合社会现象和社会实践进行研究。

（三）研究的重难点

本书的重点和难点是把握社会思潮网络引导的模式、原则与方法，主要在于以下几个原因。

1. 社会思潮网络引导模式、原则与方法的抽象性。原则是纷杂现象背后的本质，模式是对全局性的整体把握，网络的虚拟性和多元易变性在追求本质和整体把握社会思潮网络引导的道路上给我们提出了巨大的挑战。如何透过现象看本质，通过分析不同现象的共同属性、共同特征去把握事物的模式、原则与方法，具有一定的难度。

2. 社会思潮网络引导的技术性。社会正处于信息化技术革命时期，网络技术日新月异，新的网络载体、网络话语、网络现象、网络社会思潮等层出不穷，这就对社会思潮网络引导提出了较高的技术要求。需要紧跟科学技术

---

[1] 《毛泽东选集》第 1 卷，人民出版社，1991，第 296—297 页。

的发展，结合思想政治教育、计算机、传播学、心理学等专业知识体系，与时俱进地开展社会思潮网络引导研究，这是一个长期且艰巨的过程。

3. 我国社会思潮的网络引导研究体系尚不成熟。我国社会思潮的网络引导研究虽然已有一部分成果，但对于其概念的界定、本质、原则、模式、方法的揭示还有较大的研究空间。如何扩宽视野，跳出传统社会思潮研究的范式，从而总结出社会思潮网络传播及引导的研究范式，这个过程具有一定的难度。

（四）研究的创新点

本书的研究对象是"社会思潮的网络传播及引导"，落脚点是社会思潮的引导，引导的对象是在网络上传播的一切非主流社会思潮和广大人民群众，不专门针对某一种社会思潮，或某一个特定群体，而是从整体上对要素、特征、原则、模式、方法等进行研究，以求一定的学术与实践创新。具体创新点如下。

1. 总结了社会思潮网络传播的表现形式与特征。以往的研究大多数都还限定在传统社会思潮的范式里，局限于传统社会思潮的网络传播，并未总结出社会思潮网络传播的独特属性。本书将把网络上传播的社会思潮的表现形式界定为传统社会思潮的网络传播和社会思潮的网络化，并总结出这两种形式的区别、联系和特征，再引出社会思潮网络引导的相关研究，具有一定的新意。

2. 结合传播学对社会思潮网络传播过程进行分析。所"思"要成为"潮"，必须经过一定的传播。本书在前人研究的基础上，结合传播学和思想政治教育学科的相关理论，从主体、客体、载体、环体的互动出发，分析各要素之间的互动，从现象看本质，逐步分析社会思潮网络传播及引导。

3. 总结出社会思潮网络引导的原则和方法。科学研究的最终落脚点是指导社会实践，前期的分析是为了给我国网络意识形态建设提出良好的对策。本书从一开始带着问题意识入手，针对我国现存的社会思潮网络引导的困境，总结出社会思潮网络引导需要坚持"一元主导、多元并存""以人为本、统筹兼顾""创新驱动、一体化发展"的原则。在此基础上，从三个层面进行方法的论述，分别为：一是增强社会主义意识形态吸引力以扩大红色阵地的方法，二是提高辨析社会思潮能力以转化灰色阵地、压缩黑色阵地的方法，三是社会思潮网络引导操作技巧的创新。

4.尝试构建社会思潮网络引导的"主体互动"模式。当前学术界对社会思潮网络引导的探讨逐步丰富，但并未提出完整的模式。本书从具体到抽象，从宏观的角度把握社会思潮的网络引导，引入传播学中的整体互动模式理论，尝试提出社会思潮网络引导的"主体互动"模式。书中用最简洁的方式，将社会思潮网络引导最重要的因素以形象生动的方式呈现出来，给人们以启发和指导。

第一章
社会思潮的网络引导概述

社会思潮是社会意识的重要组成部分，反映了人们的思想倾向和趋势，对社会生活产生巨大的影响。积极的社会思潮能够促进社会的发展，错误的社会思潮则阻碍社会的进步。网络社会的到来使社会思潮呈现出新的动向，为了更好地开展社会思潮的网络引导，我们需要科学揭示相关概念，深入把握社会思潮网络传播及引导的内涵。

第一节　核心概念界定

伴随着网络社会的崛起和社会思潮的网络传播，网络上传播的社会思潮呈现出不同于传统社会思潮的表现形式，社会思潮的网络引导提上议程。准确把握相关概念及其内涵，有助于我们深刻揭示社会思潮网络传播及引导的独特性。

一、社会思潮的内涵

思潮是指某一时期内在某一阶级或阶层中反映当时社会政治情况而有较大影响的思想潮流。社会思潮是指"在一定社会的特定历史时期，特别是社会变革时期，围绕社会重大课题，特别是社会走向这一根本问题而形成和展开，反映一定社会群体利益和要求的，具有一定心理基础和理论核心并产生广泛社会影响的思想潮流"①。这是一个综合性的定义，社会思潮的形成，离不开一定的历史环境、阶级和思想基础、传播媒介等要素，存在着主体、客体、载体和环体，是一个完整的信息传播过程体系。

首先，社会思潮的主体依次为相关思想的理论家、知识分子和广大人民群众。社会思潮是一种群体意识，因此社会思潮的主体也不是指某个人，往往是一群人，其中，理论家是第一主体、知识分子是第二主体、广大群众是第三主体，社会思潮经由各主体，层层外传。社会思潮的主体既有传播者也有受众，正是因为他们受到这些社会思潮的影响，再发挥其主观能动性，才成为社会思潮的传播者。从社会思潮的传播过程来看，一般经过以下几个步骤。第一步，由思想家提出某种理论。社会思潮属于社会意识的一种，有一定的理论基础，"有一个相对集中的主题，有鲜明的广为流传的思想观点，有持久的作用时间和广泛的群众基础，有较明显的兴起和衰落过程"②；第二步，这种理论吸引了一大批知识分子追求群体，这些知识分子成为社会思潮传播的重要主体，通过这些知识分子的转化与表述，传播给广大人民群众；第三步，人民群众在社会思潮的传播过程中，具有主观能动性，并不是被动地接受，而是主观的选择和传播，经过人民群众的传播而不断扩大社会思潮的影响面。可见，社会思潮的形成和传播呈现出主体间性的特征，特别是在网络时代，人民群众的主体地位得到更好的凸显。社会思潮各主体间相互影响、相互制约，共同推动着社会思潮的传播与发展。

其次，社会思潮的客体是一定思想观念或倾向，这一思想观念与倾向具有时代性和阶级性。时代性的社会思潮一般产生于社会变革时代，是特定时代的产物。社会意识的客观化、精神生活的专门化和大众传媒的大众化是社会思潮产生的历史前提，只有当社会意识体现出一定的文化表现形式、社会中存在专门从事精神生活工作的群体、信息传播方式大众化程度不断加深

---

① 刘建军主编《社会思潮评析》，高等教育出版社，2022，第 2 页。
② 陈立思主编《社会思潮与青年教育》，北京大学出版社，2011，第 3 页。

后，一定思想和倾向才能传播出去，并且能够广泛影响人民群众。同时，社会思潮往往围绕着某一特定时代需要解决的重大问题而展开。梁启超先生曾指出："对'思'非皆能成为'潮'，能成'潮'者，则其'思'必有相当之价值；而又适合于其时代之要求者也。凡'时代'非皆有'思潮'，有思潮之时代，必文化昂进之时代也。"① 这句话清晰指出了社会思潮的产生、传播与发展都与时代特征紧密相关。阶级性体现在这些思想观念与倾向是反映不同阶级诉求的，其本质是社会意识的特殊表现形式，具有强烈的政治性和阶级性，与主体的需求息息相关。例如，新自由主义思潮充斥着资本主义的思想，追求他们所谓的"自由"，希望引导受众走上资本主义道路；民主社会主义思潮的本质是资产阶级改良主义思潮，是资产阶级打着"民主"的旗号，企图对社会主义国家进行意识形态渗透的思潮，反映了资产阶级的历史诉求；历史虚无主义思潮在否定革命、否定历史的过程中，体现了其动摇社会主义中国立国之本和强国之路的险恶用心。可见，社会思潮总是体现了一定阶级的利益和诉求，分析社会思潮阶级特征，科学把握不同社会思潮的本质，有助于我们透过现象看本质。

第三，社会思潮的载体是主体在传播思想理论过程中运用的中介，包括传统载体和现代载体。传统载体有学术会议、报刊、宗教活动。社会思潮常以学术研究、学术讨论的形式出现，如1992年在四川召开的"儒学及其现代意义"国际学术研讨会，会议以学术研讨为由传播文化保守主义。报刊也一直是社会思潮传播的重要载体，如1980年《中国青年》杂志发表了化名为"潘晓"的读者的来信：《人生的路呵，怎么越走越窄……》，引发了全国对人生观的大讨论，俗称"潘晓讨论"，对当时青年的世界观、人生观、价值观产生重大影响。宗教活动也是社会思潮传播的重要载体，西方资本主义思潮经常披着宗教的外衣，对人民群众进行意识形态的渗透。现代载体主要指新媒体载体。在网络时代，社会思潮使用多媒体形式进行传播，如广播、电视、"两微一端"（微博、微信和手机客户端）等。对比传统载体，现代载

---

① 梁启超：《清代学术概论》，中华书局，1954，第1页。

体速度快、范围广、影响大，是一把双刃剑。

第四，社会思潮的环体指社会思潮产生和传播的环境，以及其带来的巨大影响。"思潮产生的年代，必定是风云变幻、大动荡、大变革的历史时期，太平岁月是不可能有流行的思潮的，只有当社会酝酿着或者实际地经历着深刻的变动时期，人心动荡，思想界才会积极而活跃，各种思潮应运而生。"[①] 在社会历史变革时期，生产力和生产关系都发生着重大变化，社会主要矛盾也在不断变化中，人们的利益诉求和价值取向也相应变化。知识分子和各界有识之士不断思考社会的走向，探索社会发展之路，不同阶级产生不同的思想，提出不同的解决方案，社会思潮随之萌芽。春秋战国时期的百家争鸣，新民族主义革命时期的争芳斗艳，改革开放后新自由主义思潮、历史虚无主义思潮的不断涌现，都与大环境的变化紧密相关。一方面，社会环境催生了社会思潮，另一方面，社会思潮对社会环境具有一定的反作用。例如，20 世纪 80 年代，民主社会主义思潮中的"人道主义""民主主义""修正主义"受到当时苏联部分共产党人的追随，戈尔巴乔夫在此思潮影响下提出了"人道的民主社会主义"的改革目标，进行了一系列的演变，走上了民主社会主义之路，最终造成了苏东剧变这一历史悲剧，对社会主义国家乃至全世界人民造成了巨大的影响。

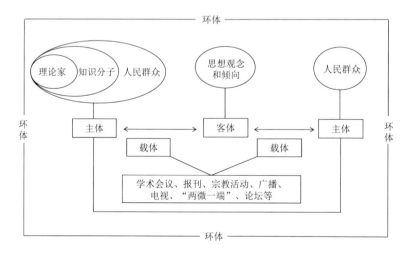

图 1.1　社会思潮形成和传播过程图

---

① 陈立思主编《社会思潮与青年教育》，北京大学出版社，2011，第 8 页。

综上所述，我们可以看出，社会思潮具有显著的群体性、时代性、流变性和现实性。社会思潮反映的是一定阶级、阶层的群体利益。社会存在决定社会意识，理论家、知识分子和广大人民群众之所以会拥护某种社会思潮，往往是因为这一思潮符合群体的利益和诉求。一定的社会思潮总是特定时代的产物，离开了具体的时代环境，这一思潮可能就难以继续发挥传播性和影响力。要想研究社会思潮，就必须结合这一思潮产生的社会历史条件，抓住其主要矛盾，从主要矛盾出发进行准确分析与引导。社会思潮的时代性也决定了其流变性，随着时代变化，社会思潮呈现出产生、发展和消退的过程，有些思潮具有较长的周期，有些则非常短暂。究其原因，在于这种社会思潮是否促进生产力的向前发展、是否反映先进文化的前进方向以及是否符合最广大人民的根本利益。社会思潮的现实性则体现在社会思潮对社会现实产生的重大影响，其本身是现实主要矛盾的重要体现，反过来又指导群众在现实中的具体行动。积极的社会思潮具有正向的现实意义，错误的社会思潮则对现实生活具有一定的破坏性。基于此，深入研究社会思潮的网络引导，显得尤为重要和必要。

二、网络的内涵

在信息化技术的推动下，网络成为人们生产生活实践中不可或缺的一部分，在带来巨大变革的同时，各种社会思潮也借由网络传播和发展。网络的独特性给社会思潮的网络引导带来机遇与挑战。

网络是一个广泛的概念，指由若干计算机设备连接成的网状的系统。多个网络相互连接就形成了互联网。互联网（internet）又称国际网络，指网络和网络之间以一组通用的协议相连，从而形成逻辑上巨大互通互联的网络。本书中提到的"网络"一词，一般指的是互联网。网络的发展大体经过了三个阶段。第一阶段是电子邮件阶段。以信息处理为关键，以大型计算机为主体，网络大量用于邮件的传递。第二阶段是信息发布阶段。以信息获取为关键，以小型计算机为主体。从 1995 年起，以 Web（万维网）技术为带动的信息发布系统推动了网络信息的发布功能，促进了网络的发展。第三阶段是电子商务阶段。以信息传输和共享为关键，以网络计算机为主体。随着网络商务功能的开发，网络极大地推动了生产力的发展和生产关系的改变，人类社会的生产方式和社会交往都产生了巨大的变化，网络社会随之孕育而生。网络社会（the network society），是指在信息时代，不同信息节点连接构成网络交织在一起，形成发散型的信息系统，并由此给人类社会的生产生活带来巨大影响的新型社会形态。曼纽尔·卡斯特在其《网络社会的崛起》中提到："作为一种历史趋势，信息时代的支配性功能与过程日益以网络组织起来。网络建构了我们社会的新社会形态，而网络化逻辑的扩散实质地改变了生产、经验、权力与文化过程中的操作和结果。"[1]

网络是基于互联网技术的发展而产生的，具有一些全新的属性，但本质上网络社会是人类交往实践活动的结果，是现实社会的延伸和发展。因此，网络呈现出以下特征。

一是虚实结合性。网络空间是现实空间的延续，社会人也在网络社会中延续出网络人的特质。"在网络空间，尽管现实中的身份、地位、种族、性别等社会角色和社会关系要素被虚拟的网络特性所屏蔽，但是作为互动行为的重要中介和认同感、归属感的重要来源，这些以现实中的地方认同、身份认同为典型代表的维系力量仍然通过人们的主动寻求而发挥着重要的凝聚作用。"[2] 因此，现实中的生产与社会交往方式，会深刻影响人们的网络行为。例如，拥有同样兴趣爱好、教育背景、职业的人，在网络上也容易形成组织，出现在同一个论坛，玩同一个游戏，或者建立起共同的 QQ 群、微信群等，网络圈层由此产生。网络圈层将具有相同价值观、兴趣爱好的社会个体在一定范围内通过一定的网络、社交平台聚集在一起，是为其所共同构建的话语圈层。在圈层内的文化体系、价值观或规则是被成员所共同认可和执行的。在网络圈层里，个体因某种偏好相同而聚集，也因某种偏好不同而分

---

① 曼纽尔·卡斯特著，夏铸九、王志弘译《网络社会的崛起》，社会科学文献出版社，2003，第569页。

② 张再兴等著《网络思想政治教育研究》，经济科学出版社，2009，第51页。

离。网络空间作为现实空间的延伸场域，相对于现实空间而言，显得更为多元、多变。同时，网络空间具有"作茧自护"的功能，正如"在互联网时代，你永远都不知道坐在电脑前面的是不是一只狗"一样，网络的虚拟性给网络披上了神秘的色彩，衍生出无限的机遇和挑战。

二是技术性和人文性的结合。网络空间是在互联网信息技术的推动下形成的，具有显著的技术性。比特（bit）是数据存储的最小单位，源于二进制数，每个0或1就是一个比特，在这一基本单位基础上，网络技术进行转换和组合，形成了缤纷的网络世界。技术性是互联网的基础，谁掌握了信息技术，谁就掌握了主动权，就可能重塑网络社会中的生产方式、权力和文化。信息技术对生产力的引擎和杠杆作用不断凸显，信息技术创新已经成为各国生产力发展的内生动力、经济社会发展全局的"牛鼻子"和"杀手锏"。中国要在新时代实现"弯道超车"，必须紧紧抓住网络信息技术自主创新这一历史机遇。当然，作为现实社会的延伸，网络的魅力并不仅仅在于其强大的技术功能，更在于其强大的社会交往功能，也就是其人文性。相对比现实社会，网络社会摆脱了自然的束缚，一定程度上是一个由人类交往互动构成的社会形态，是人类社会在信息时代的文化现象。因此，在网络上就延伸出独特的网络文化，包括网络符号、网络文字、网络作品、网络行为等，同时也产生了网络规范、网络制度、网络道德等。网络社会的人文性直接决定了其意识形态性，互联网自诞生之日起就与军事、意识形态斗争相伴相随，是人类有目的、有意识的活动，自然受到人类价值选择的制约，呈现出一些人文特征。因此我们在考虑网络空间时，不应唯技术至上，而应该充分考虑其人文性，实现技术性和人文性的统一。

三是交互性和开放性的统一。互联网之所以被称之为互联网，在于其互联互通，也就是交互性。互联网的功能是人们在网络上进行交往实践的结果，每一个网民不仅是主体或者客体，还互为主客体，呈现出一种主体间性特征，人人都是信息的接收者，人人也可能成为信息的发布者。同时互联网也是一个开放的系统，只要掌握基本的网络操作技术，拥有互联网终端，就能成为互联网的参与者。伴随着5G技术的发展和"两微一端"的普及等，互联网的开放性更为明显。在网络社会，信息呈现流动性，影响不同的网民，同时也被不同的网民所改变。在网络社会，网民可以自由发声表达个人观点，并拥有与现实社会中权威人物、权威组织对话的权利，在交互中影响他人和社会的发展。因此，网络社会中大众参与政治、经济、文化的主动性得到了极大的提高，呈现出很大的自主性和能动性，但同时也对网络社会信息监控与管理提出了挑战。近几年来，全球对网络监管的力度逐渐增强，网络不是"法外之地"，不容许网民肆意发声，要让网民在制度和法律允许的范围内进行互动和交流，杜绝网络违法犯罪现象发生。

四是多元多变性。网络时代是多媒体时代、自媒体时代和全媒体时代，信息无处不在、无所不及、无人不用。因此，网络社会呈现出多元性的特征，主要体现为以下几个方面：主体多元，只要拥有一个客户端，操作者就可以连接网络，成为网络的参与者；内容多元，在法律允许范围内，不同主体可以在任何地点、任何时间自由发布消息，信息内容丰富多彩，并呈现爆发式增长；载体多元，各种网络平台和手机 APP 如雨后春笋般涌现，信息传播生态、媒体格局、传播方式等都发生了深刻变化。同时，网络社会瞬息万变，更迭不断。以网红的发展轨迹为例。20 世纪 90 年代末，随着网络在中国的出现，痞子蔡、安妮宝贝等网络作家通过文字收获了大批粉丝，成为中国的第一代网红，这一代网红多以才华取胜。随着网络的普及，芙蓉姐姐的出现开启了"靠出格走红时代"和"博眼球时代"，后舍男孩、凤姐、犀利哥等成为第二代网红。随之，网红的发展带来了强大的变现能力，在巨大经济利益推动下，逐步衍生出专业团队进行运作，批量生产网红。网红不再是单打独斗和单个现象，网络直播的开通更是为网红提供了宣传渠道，冯提莫、papi 酱、大胃王等成为第三代网红，开启了"网红经济时代"。除此之外，"两微一端"的普及，也让网络变得更加多元多变，人们只需要通过短短几秒钟的短视频，就有可能成为网络红人，引导网络信息走向，一夜成名，但网络热点瞬息万变，人们可能在一夜成名之后迅速落幕，销声匿迹。网络在多元多变中展现出其独特属性。

三、社会思潮和网络的关系

随着信息技术的不断发展，互联网建构了一个新的交往模式和文化生态，网络成为社会思潮传播的主要场域，社会思潮与网络之间呈现出千丝万缕的关系。社会思潮网络传播是"因"，社会思潮网络引导是"果"，正是因为有社会思潮在网络上的不断传播，给受众带来一定的影响，才需要开展社会思潮的网络引导。"传播是人类通过符号和媒介交流信息、以期发生相应变化的活动。"[①] 社会思潮的网络传播是一个完整的信息传播实践活动，指社会思潮以网络为载体，进行宣传、扩散，从而影响一大批受众的过程，是一个思潮的内部运行过程。在这个过程中，传播主体是相关思想的理论家、知识分子与广大群众，客体是一定思想观念或倾向，载体是互联网，环体是网络社会大环境。社会思潮网络传播过程，不仅仅是简单的信息交流过程，同时具有鲜明的社会性和阶级性、目的性和计划性、主动性和创造性、协同性和互动性，能够影响广大人民群众的价值观念和思想体系，进而影响他们的社会实践。社会思潮的网络传播，有别于一般的社会思潮，是传统社会思潮在网络上的延续与发展，有其特殊的表现形态和属性。

第一种形式是传统社会思潮的网络传播，即传统社会思潮运用网络进行传播，网络仅作为传统社会思潮的载体，传统社会思潮保持着原有的属性和特征，这类思潮主要以"网络上的××思潮"形式出现。社会思潮的传播需要一定的载体，随着科学技术的发展，网络成为社会思潮传播的新兴载体，民主社会主义思潮、新自由主义思潮、历史虚无主义思潮、文化保守主义思潮等以各种形式进军网络，通过论坛、博客、网络视频、微信等方式，传播观点，影响大众。较之传统的载体，网络平台更加迅速、便捷、多元、

---

① 邵培仁:《传播学》第三版，高等教育出版社，2015，第58页。

隐蔽，辐射范围广，影响程度深，因此为开展这类社会思潮的引导带来一定的挑战。

第二种形式是社会思潮的网络化，即网络对传统社会思潮的延伸，产生与传统社会思潮原有形态有所区别的网络社会思潮，呈现一些全新的表现形式。这类思潮主要以"网络××思潮"形式出现。如网络民粹主义思潮，在原有民粹主义的基础上，显得更为易怒、极端与缺乏理性；网络无政府主义思潮认为网络人是独立自由的，蔑视一切权威，推崇网络社会的自发性。他们更加主张虚拟空间的独立性，抵制政府对网络社会的监管，认为网络是绝对自由的，是无政府、无国界、无意识形态性的。

事物的本质是由主要矛盾的主要方面决定的，从这个角度来看，传统社会思潮的网络传播和社会思潮的网络化，只是改变了社会思潮的现象，并没有改变社会思潮的本质。当前学术界有部分学者将网络现象与网络社会思潮混为一谈，比如将网络仇富现象定义为网络仇富思潮，将键盘侠现象定义为网络"狭义"思潮。这样的界定缺乏对社会思潮本质的准确把握，所"思"不一定为"潮"，有"潮"也不一定能形成"思潮"，社会思潮不同于社会舆论、社会热点，需要具备一定的理论体系、时代背景、阶级诉求和持久的影响力。可见，网络仇富现象、键盘侠现象等不能称之为社会思潮，而仅仅是一种网络社会热点事件或社会现象，是某些社会思潮的表现形式而已。

四、社会思潮网络传播的特征

任何事物都是共性和个性的结合体，共性决定了其基本性质，而个性则是该事物区别于其他事物的关键原因。网络具有虚实结合性、技术性和人文性结合、交互性和开放性统一等特点，因此，社会思潮的网络传播较之传统社会思潮，表现得更加多元、激荡和深远，对社会的影响也更加剧烈。社会思潮的网络传播呈现出以下特征。

（一）传播主体呈现主体间性

社会思潮在网络上的传播更加突出主体的地位，传播者和受众都是主体，强调主体间的沟通与协作，呈现主体间性的关系，即不断强调和重视发挥人的主观能动性。伴随着互联网信息技术的发展，交往实践活动中的"人与人之间的交往""民族之间的交往""世界交往""物质交往"和"精神交往"等在网络社会显得更为频繁和便捷。在社会思潮传统的传播过程中，理论家和一定的知识分子是主体，将其思想体系、理论主张和历史诉求传播给人民群众。而网络时代的开放性、交互性等特征，使得人人都得以自由发声，在多媒体、自媒体的时代，不仅是理论家和知识分子，受众或者每个网络人都可以通过一定的渠道传播自己的主张，影响和带动一部分群体。因此，网络上迅速崛起了一大批的"网红""微博达人""意见领袖"等，他们都有可能成为社会思潮网络传播的主体。所以，在网络时代，社会思潮的主体多元多变，但主体之间相互配合、相互影响，主体间互动性、立体性、整合性、规范性与共赢性增强。例如在各类论坛和博客中，主体间可以实现实时互动，与权威的距离缩小，在视频观看过程中可以使用弹幕等，这些互动使社会思潮发散性传播，呈现速度快、范围广、影响大等特点。

（二）传播载体呈现多元化和大众化

社会思潮的传统载体有学术会议、报刊、宗教活动等，这些载体相对单一、固定、辐射范围也有限。互联网的高速发展给社会思潮带来了新媒体载体，主体可以通过互联网技术综合使用多媒体对社会思潮开展传播。这些载体具有多元性，如广播、电视、"两微一端"、论坛等，都是社会思潮在网络社会中的载体。网络空间已经成为社会思潮的聚集地和发散点，任何有网民的平台，都有可能成为社会思潮的传播点。因此，如何抢占网络空间，把握网络话语权，成为社会思潮网络引导的突破口和关键点。同时，这些载体还呈现大众化趋势，随着我国网民数量的不断增加，网民的网络需求不断增加，参与社会热点、政治事件、舆论事件的积极性也不断提高。为了适应这一变化，在市场经济的推动下，互联网技术不断发展，开发出更多适合广大人民群众需求的应用和平台，特别是伴随着手机客户端的普及，社会思潮传播载体的大众化得到进一步的提高。如影视作品、网络游戏等，通过形象生动的画面与引人入胜的故事情节，使大众能够接收到其传递的思想与诉求。

（三）传播内容呈现隐蔽性、民粹性和迷惑性

社会思潮的客体是"一定思想观念或倾向"，随着载体变化，社会思潮客体的表现形式也越来越多元。这些思想观念或倾向不再是一些较为枯燥的理论，而是更为平民化、娱乐化、庸俗化，表现形式也越来越视频化、趣味化、精简化、片段化。这些变化能够使社会思潮在较短的时间内，迅速引起某一群体的共鸣，让大众在不知不觉中深受其影响，具有"随风潜入夜、润物细无声"的隐蔽性。为了获得最大范围的支持，一些社会思潮传播者打着"公平""正义"等旗号，以民众尤其是最底层草根的代言人自居，引起一些群众的共鸣，使社会思潮的民粹性也进一步增强，呈现出较大的偏激性和攻击性。虽然信息是爆炸式的发展且不断变化，但很多人对网络资讯的了解尚处在浅接受状态，缺乏对社会思潮理论基础的深入了解，导致无法掌握社会思潮的本质，容易在网络上被其新奇的表现形式所吸引和误导，使社会思潮在网络上表现得更具有欺骗性。历史虚无主义者就擅长运用各种历史题材的影视作品，颠倒是非、混淆视听、否认历史。一些影视作品违背历史，过度美化中华民国时期，或把某些军阀和历史罪人塑造成为带有悲剧色彩的爱国主义者，引得不少观众为之动容，从而达到迷惑观众的目的。

（四）传播环体呈现动荡多变性

社会思潮的环体是"风云变化、大动荡、大变革"的历史时期，是各阶层回答"举什么旗、走什么路"的时期，是不同阶层对自身诉求的展现时期。网络时代，不同的社会思潮聚集于网络空间，以不同的方式展现各自诉求进行相互较量，社会环境在此种情况下显得尤为动荡。一旦某一观点的提出迎合了部分群众的需求，就可以在短暂时间内获得一大批支持者，点击量和阅读数大大增加，这些支持者对观点的转发与重构，又以幂律式的传播

速度迅速发散出去，辐射范围越来越广。深入分析社会思潮的传播环体，暗流涌动的背后是社会矛盾的具体呈现。新时代，中国社会的主要矛盾已经转变为人民日益增长的美好生活需要和不平衡不充分的发展之间的矛盾。一方面，人民群众的文化需求不断增长，社会主义意识形态的凝聚力和吸引力有待提高。另一方面，一些错误社会思潮的传播者，善于抓住中国社会发展过程中出现的不平衡不充分的问题，运用传播手段进行炒作，从而激化社会矛盾。例如，一些人抓住社会中出现的个别现象，以偏概全在网络上挑起群众的仇富心理，激化矛盾，进而宣传西方资本主义国家的所谓的"自由"与"人权"，普及西方所谓的"普世价值"。究其目的，他们就是妄图挑战马克思主义指导地位，攻击否定党的领导和我国政治制度、发展道路，应该坚决予以抵制。

第二节　社会思潮网络引导的内涵

社会思潮的网络引导是一定社会阶级和组织机构根据社会要求，在遵循人们思想形成发展规律、社会思潮网络传播规律、网络社会规律的基础上，通过网络对网络上传播的非主流社会思潮开展有目的、有计划、有组织的引导，使其充分发挥正面的积极作用，减少或避免负面作用，朝着有利于主流意识形态建设的方向发展，从而促使广大人民群众拥护、认可并践行一定社会主流意识形态的社会实践过程。

一、社会思潮网络引导的要素

引导，即带领和指引，指的是主体用一种方式对客体施加影响的过程，引导具有一定的对象性、方向性和目的性。社会思潮网络引导是各要素综合作用的结果，深入分析各要素之间的关系，才能更好地实现社会思潮的网络引导。

（一）社会思潮网络引导的引导者

社会思潮网络引导的引导者是活动的发起人、内容的发出者、方案的实施者，具有主观能动性，处于绝对地位且发挥着主要作用，关系着"举什么旗，走什么路"的问题。社会思潮网络引导是在党和政府的主导下，联合不同组织和个人的集体力量开展的意识形态建设活动。其中，宣传思想工作主管部门、思想政治工作队伍、主流媒体和网络意见领袖是社会思潮网络引导的主要引导者。

1. 宣传思想文化工作主管部门

宣传思想文化工作主管部门主要指的是党中央和地方各级党委宣传部门。宣传思想文化工作事关党的前途命运，事关国家长治久安，事关民族凝聚力和向心力，是一项极端重要的工作。宣传思想工作主管部门是引导者中的领头羊，党政军民学，党是领导一切的。中国共产党的领导是中国特色社会主义最本质的特征，也是中国特色社会主义制度最大的优势。当前，国内外形势正在发生深刻复杂变化，网络意识形态斗争风起云涌。习近平总书记指出，在新时期，宣传思想文化工作要"着力加强党对宣传思想文化工作的领导，着力建设具有强大凝聚力和引领力的社会主义意识形态，着力培育和践行社会主义核心价值观，着力提升新闻舆论传播力引导力影响力公信力，着力赓续中华文脉、推动中华优秀传统文化创造性转化和创新性发展，着力推动文化事业和文化产业繁荣发展，着力加强国际传播能力建设、促进文明交流互鉴，充分激发全民族文化创新创造活力，不断巩固全党全国各族人民团结奋斗的共同思想基础，不断提升国家文化软实力和中华文化影响力，为全面建设社会主义现代化国家、全面推进中华民族伟大复兴提供坚强思想保证、强大精神力量、有利文化条件"①。在社会思潮网络引导过程中，始终坚持"党管宣传、党管意识形态"的原则，确保这支队伍的主导地位，是我国人民幸福、社会稳定、国家强大和社会主义建设事业取得

---

① 《习近平对宣传思想文化工作作出重要指示强调 坚定文化自信秉持开放包容坚持守正创新 为全面建设社会主义现代化国家 全面推进中华民族伟大复兴提供坚强思想保证强大精神力量有利文化条件 蔡奇出席全国宣传思想文化工作会议并讲话》，《人民日报》2023年10月9日第1版。

成功的根本保障。

社会思潮是不同阶级、不同集体利益诉求的体现，代表了不同的社会历史走向，网络的特征使社会思潮更加多元、隐蔽、偏激，且影响面越来越大，社会思潮的引导难度加大。在这种背景下，社会思潮的网络传播呈现出一定的自发性，不同的集体为追求自身的利益，会自发、自由地选择并传播社会思潮，不同社会思潮之间的矛盾凸显，一定程度上加剧了我国社会的矛盾。同时，对比于一般群体，网民群体的盲目性、冲动性和民粹性更为明显。一些资本主义国家利用信息技术优势，在网络空间行使大国沙文主义和霸权主义，不断创新网络意识形态渗透的方式方法，增强了一些社会思潮的迷惑性，部分人民群众在潜移默化中受到了影响，迷失了方向。面对这些复杂情况，我们一刻也不能放松和削弱意识形态工作，必须把意识形态工作的领导权、管理权、话语权牢牢掌握在手中，任何时候都不能旁落。历史和实践证明，只有中国共产党才有这样的能力和决心，才有强大凝聚力和向心力，凝聚起全国人民的民心民意，号召人民群众集中力量办大事，自觉抵制错误社会思潮的影响。宣传思想文化工作是政治性、政策性、专业性都很强的工作，这其中离不开一大批高素质、专业化的人才。要努力打造一支政治过硬、本领高强、求实创新、能打胜仗的宣传思想文化工作队伍，引导他们融入时代发展，不断掌握新知识、熟悉新领域、开拓新视野，增强把握正确方向导向、巩固壮大主流思想文化、强化意识形态阵地管理、加强网上舆论宣传和斗争、处理复杂问题和突发事件的能力。

2. 思想政治工作队伍

思想政治工作是一定的阶级和政治集团为实现一定的政治目标，有目的地对人们施加意识形态的影响，以转变人们的思想和指导人们行动的社会行为。思想政治工作队伍主要分为几类：一是政府部门思想政治工作队伍；二是部队思想政治工作队伍；三是高校思想政治工作队伍；四是企事业单位思想政治工作队伍。思想政治工作队伍的工作具有如下特点。第一，思想政治工作是党的工作。各级各类思想政治工作人员必须在党的绝对领导下开展工作，必须紧紧围绕社会主义意识形态开展工作，保证党的思想理论、意志主张、方针政策落到实处。第二，思想政治工作是做人的思想工作。因此思想政治工作必须遵循人的发展规律，将"以人为本"贯穿于工作全过程，要紧贴人民群众的思想实际开展工作，确保工作入脑入心入行。第三，思想政治工作是科学性的工作。因此需要与时俱进，在科学理论的指导下因事而化、因时而进、因势而新。思想政治工作队伍是开展社会思潮网络引导的主力，其中，高校思想政治工作队伍是中坚力量。

高校思想政治教育工作队伍主要包括高校宣传部、学生工作部（处）工作人员、学生辅导员、班主任、思想政治课教师。除此之外，近几年来，高校大力推进课程思政建设，要求各门课与思政课同向同行，构建"大思政"的良好氛围。因此，各门课程教师在一定程度上也承担着思想政治工作的任务。高校思想政治工作队伍成为社会思潮网络引导的中坚力量，是由队伍本身的特殊性，以及所引导的受众——高校学生的特殊性所决定的。首先，从队伍本身的特殊性来看，高校思想政治工作队伍，既拥有深厚的理论基础，也拥有丰富的实践经验，具有良好的组织基础、研究条件进行社会思潮的理论研究和实践探索，专业性和针对性最强。其次，从受众的特殊性来看，青年强则国强，青年学生的成长和发展直接关系到国家的未来和民族的希望。高校学生拥有正确的意识形态，则有可能推动历史的发展，反之，如果被一些错误社会思潮所影响，则可能给社会和国家带来极大的动荡与损失。高校思想政治工作队伍作为学生的人生导师，肩负重任，责任重大。高校思想政治工作队伍的工作内容从根本上来说是做人的工作，是为了实现人的全面发展。马克思主义认为，人的全面发展包括活动的全面发展、社会关系的全面发展、素质的全面提高、个性的全面发展等方面。中国进入新时代，我国独特的历史、文化和国情决定了我们必须围绕中国特色社会主义的建设目标，将高校学生培养成为德才兼备、全面发展的时代新人。高校思想政治工作者开展社会思潮网络引导的工作内容，就是围绕学生，通过网络引导学生辩证看待各种社会思潮，加强社会主义意识形态的宣传教育，不断提高学生的思想水平、道德品质、政治觉悟、文化修养等方面，让学生成为能够担当民族复兴使命的时代新人。

3. 主流媒体

主流媒体是党、政府与人民群众沟通交流的重要桥梁，是社会思潮网络引导工作的扩散器，能够把主流意识形态的声音传得更宽、更广。准确界定主流媒体的概念，深刻把握主流媒体在社会思潮网络引导中的重要作用，有效提高主流媒体的传播力、引导力、影响力和公信力，是构建"主体互动"模式的重要部分。

"主流"原意是指河流的主干道，后引申为哲学概念，指事物发展的主要或本质的方面，因此各个领域都有自己的主流。"主流媒体"一词是舶来品，20世纪90年代，"主流媒体"概念进入中国并被广泛使用，不同学者从政治、经济、经营和综合四个角度对主流媒体进行了定义。新华社"舆论引导有效性和影响力研究"课题组认为，判断主流媒体有六条标准："（1）具有党、政府和人民的喉舌功能，具有一般新闻媒体难以相比的权威地位和特殊影响，被国际社会、国内社会各界视为党、政府和广大人民群众意志、声音、主张的权威代表；（2）体现并传播社会主流意识形态与主流价值观，在我国即是社会主义意识形态和与之相适应的价值观，坚持并引导社会发展主流和前进方向，具有较强影响力；（3）具有较强公信力，报道和评论被社会大多数人群广泛关注并引以为思想和行动的依据，较多地被国内外媒体转载、引用、分析和评判；（4）着力于报道国内外政治、经济、社会、文化等领域的重要动向，是历史发展主要脉络的记录者；（5）基本受众是社会各阶层的代表人群；（6）具有较大发行量或较高收听、收视率，影响较广泛受众群。"① 从新华社的界定来看，主流媒体是指由统治阶级所主导的，代表统治阶级利益的，运用主流的表现方式体现主流观念和主流生活方式，拥有广大受众且具有较大影响力、公信力和权威性的品牌媒体。

在中国，传统的主流媒体包括新华社、中国新闻社、CCTV、中国日报、人民日报等国家级新闻媒体，各省党报、电台等区域性媒体，新华网、人民网等国家扶持的大型新闻网站等。随着信息技术的高速发展、人民信息关注

---

① 《主流媒体如何增强舆论引导有效性和影响力之一：主流媒体判断标准和基本评价》，《中国记者》2004年第1期。

点和接受能力的转变，中国媒体发生了巨大的变革，传统的主流媒体不断升级、融合和延伸，外延不断扩大，思维方式从传统转向网络，传播方式从单向垂直转为开放网状，内容生产从服务受众转为服务用户，经营模式从单一模式转为多元模式，一大批新型的主流媒体涌现出来。新型主流媒体主要有几大类型：第一种是传统主流媒体运用信息技术实现更新换代，如人民日报的"中央厨房"媒体模式；第二种是传统主流媒体和其他媒体的融合发展，如各主流媒体依托新浪微博和腾讯微信等，开通各类公众号；第三种是全新的主流媒体，如新浪网、腾讯网、凤凰网等互联网新媒体企业，这些媒体覆盖面广，品牌性强，在人民群众中具有较大的影响力。近几年来，中国主流媒体的"舆论主场"已经转变为众多媒体的"舆论广场"，如何在这种纷繁复杂的网络社会中，保持主流媒体的"主流"地位，成为重中之重。这些变化要求我们必须跳出舒适圈，打破本领恐慌，以服务人民群众为宗旨，以平台共享为渠道，以技术开发为支撑，在全媒体时代实现新型主流媒体的融合发展。

4. 网络意见领袖

社会思潮网络引导过程中，网络意见领袖是一支特殊的队伍。他们作为社会思潮网络引导过程中的特殊节点，对信息的传播具有风向标的作用，一定程度上能够影响信息的发展趋势和走向。一些积极、正向的网络意见领袖能够与宣传思想工作队伍同向同行，起到重要的促进作用；反之，一些消极、反向的网络意见领袖则对社会思潮的网络引导工作带来巨大的阻碍。

美国传播学者保罗·F·拉扎斯菲尔德在 20 世纪 40 年代提出"意见领袖"这一词语，认为意见领袖是指"传递重要的竞选信息给大多数选民，并且为他们解释相关的竞选问题，最终影响竞选结果的一类人"[1]，并基于此提出大众传播的两级传播，即大众传播要经过"媒体—意见领袖—大众"这一过程，意见领袖作为中介，具有解释和传递信息的功能，对信息的传递具有较大影响。随着互联网信息技术的发展，越来越多的人民群众借助网络平

---

① 保罗·F·拉扎斯菲尔德著，唐茜译《人民的选择》，中国人民大学出版社，2006，第 121 页。

台进行信息的沟通和交流，这其中有一部分能够左右一大批网民态度倾向的人，他们凭借个人权威、独特见解和风格以及丰富的生活阅历，积极传播信息和表达观点，对其他网民施加个人影响，这一部分人就被称为网络意见领袖。领袖一般是指某项较有影响力活动或某些较有影响力组织的最高领导人。可见，网络意见领袖是指在互联网平台上，通过积极传播信息和发表观点，引起网友共鸣，并且影响和带动一大批网民的个人或群体。网络意见领袖通常拥有相对固定且数量庞大的受众群体和拥护者，因此在一定程度上影响了网络信息的流向。

我国网络社会中活跃着一大批网络意见领袖，按照网络意见领袖涉及的领域，可以分为专业型和综合型。专业型网络意见领袖专注于某一个领域的信息传播和意见分享，他们通常掌握了这一领域大量的信息源，并在本领域有一定的建树，能够结合自己的知识储备提出独特的见解。这类网络意见领袖的受众也是相对固定的某一领域成员。综合型网络意见领袖关注的领域较多，他们拥有广博的知识，能够针对政治、经济、文化等不同领域的问题提出自己的见解，或者通过自己独特的方式传播不同领域的信息，从而影响一大批网民。例如，微信公众号"小林"是中山大学教师林帝浣的个人公众号，他通过漫画、摄影的方式对不同领域信息进行传播和点评，以强烈的个人风格、独特的见解和幽默风趣的方式赢得了百万粉丝，其作品和观点先后被人民日报、共青团中央等官方媒体转载，其中一部作品还出现在 2019 年全国高考作文题目中。

除此之外，按照网络意见领袖的属性，还可以分为"公众人物型、知识分享型、自媒体型等"[1]。公众人物型网络意见领袖本身就具有一定的知名度和影响力，许多也是自带话题，因此在网络上具有一呼百应的效果。例如，一些具有庞大粉丝量的娱乐明星、体坛明星、商界风云人物等。知识分享型网络意见领袖专注于某一领域的知识分享，与专业型网络意见领袖具有共同之处，受众也较为固定。自媒体型网络意见领袖经常针对某一社会热点、突

---

① 周晶晶：《网络意见领袖的分类、形成与反思》，《今传媒》2019 年第 5 期。

发事件进行评论，引发人们的关注、共鸣、点赞和转发，这类网络意见领袖通常具有一套成熟的运营模式，且与商业广告挂钩。

（二）社会思潮网络引导的受众

受众是社会思潮传播与引导的"目的地"和"中转站"，是整个社会思潮传播与引导的重要元素，网络时代的社会思潮传播与引导的受众是广大人民群众。其中，青年学生、知识分子、党政领导干部和农民是最主要的群体。

1. 青年学生群体

青年学生是网络上最为活跃和重要的群体，也是社会思潮中最主要的受众。据第 53 次《中国互联网络发展状况统计报告》显示，截至 2023 年 12 月，中国网民规模达 10.92 亿人。从年龄结构来说，10—29 岁网民占比最高，为 28.4%；从年龄差异来说，20—29 岁的青年掌握各项数字素养与技能的比例均显著高于整体网民水平。青年朝气蓬勃，思维活跃，富有创造力和进取心，具有强烈的求知欲，世界观、人生观和价值观逐步走向成熟，同时拥有一定的盲目冲动性，易于接受新鲜事物，喜欢挑战，容易受到错误社会思潮的影响。在网络时代，网络的自由、开放、便捷特性使其产生大量资讯，这些资讯无形中影响着许多青年学生的生活方式和思想动态，"各种社会思潮在网上传播，一些消极落后甚至腐朽没落的思想，对网民特别是广大青少年造成冲击和影响"[1]。错误思潮影响的"首先是'优秀的青年'、大学生，其次是工人"[2]，邓小平同志也曾指出："有一些社会思潮，特别是一些年轻人中的思潮，需要认真注意。"[3] 因此，青年学生成为社会思潮网络引导工作的重要对象，"争取下一代"成为工作的重要方向。

网络是社会思潮影响青年的主阵地和主战场，各种社会思潮充分运用网络的传播特点，结合青年的身心特色和思想状况，吸引青年学生关注和参与

---

[1] 中共中央文献研究室：《十七大以来重要文献选编（上）》，中央文献出版社，2009，第 455 页。
[2] 《马克思恩格斯全集》第 31 卷，人民出版社，1972，第 533 页。
[3] 《邓小平文选》第 2 卷，人民出版社，1994，第 252 页。

社会思潮的传播，影响青年学生的思想观念和价值取向。青年学生（尤其是高校大学生）受教育程度较高，对社会思潮最为敏感，主观能动性强，在社会思潮传播过程中主体性较强，常常成为社会思潮的"弄潮儿"和"风云人物"。"社会思潮往往能刺激、诱发青年的群动行为，影响其走向和强度。反之，青年接受社会思潮的影响后产生的反应，又从方方面面扩大了该思潮的影响范围，强化了它的影响作用。"① 从青年学生的成长来看，纷繁复杂的社会思潮能够让青年学生"开眼看世界"，掌握更多的知识，但如果不对其开展科学有效的引导工作，青年学生就有可能成为最大的变量，走向混乱甚至反动，造成一定的群体性事件。青年的意识形态建设关系着祖国的未来，因此我们应该把青年培养成具备"高尚的道德情操、坚定的理想信念、过硬的本领能力、不懈的奋斗精神，能够担当起实现中华民族伟大复兴大任"的时代新人。社会思潮的网络引导在促进青年全面发展、培养时代新人的过程中发挥着重要作用，关系着"为谁培养人""怎样培养人"这一根本问题，是青年政治认同、思想追求和价值观念的重要来源。这就要求我们能够牢牢把握住青年学生这一受众主体，结合青年学生的网络习惯和身心特点，加强对社会主义意识形态的宣传教育，引导青年学生在比较、鉴别中学会明辨是非、美丑、善恶，不忘本来、吸收外来、面向本来，勇担实现中华民族伟大复兴的历史责任和时代使命。

2. 知识分子群体

知识分子是"那些以独立的身份，借助知识和精神的力量，对社会表现出强烈的公共关怀，体现出一种公共良知、有社会参与意识的一群文化人"②。社会思潮的提出者是知识分子，他们针对社会历史的走向较为系统地提出自己的观点。社会思潮的第一批受众也是知识分子，并且知识分子在社会思潮传播过程中起到转化作用，进一步扩大了社会思潮的影响范围。知识分子较之于大众，拥有较高的理论水平和公共情怀，对民族的前途与命运保持着较高的敏锐度，能够将一定理论知识形成发展逻辑，在接受认同这些理

---

① 陈立思主编《社会思潮与青年教育》，北京大学出版社，2011，第24页。
② 许纪霖：《中国知识分子十论》，复旦大学出版社，2003，第4页。

论基础上，再将这些理论知识以各种通俗的方式进行转化，进一步传播给更多的受众。

　　纵观历史，知识分子群体在社会思潮的传播和发展中起到至关重要的作用。以孔子、老子、庄子等为代表的知识分子著书讲学，使社会呈现儒、道、法、墨等各种思想流派百家争鸣之盛况；以康有为、严复、梁启超等为代表的知识分子群体推动了中国学习西方的浪潮，西方社会思潮逐渐在中国传播；以陈独秀、李大钊等为代表的知识分子发起新文化运动，随后，十月革命的一声炮响，给中国带来了马克思主义，先进知识分子选择了它，从此我们走上了探索社会主义的道路。随着社会信息化，知识分子在网络上也越来越活跃，他们通过网络关注社会百态、参与政治讨论、表达相关诉求，他们拥有较高的理论水平和网络素养，一些知识分子拥有较大的影响力，发展成为拥有大批追随者的网络意见领袖，影响和带动社会思潮在网络上的传播和发展。纵观网络现状，知识分子受先进社会思潮的影响，能极大地促进社会发展，而知识分子受错误社会思潮影响，则对网络空间和国家意识形态安全产生极大的破坏力。如曾登过"百家讲坛"、拥有1300多万粉丝的某历史教师，作为网络大 V，深受历史虚无主义思潮影响。他在微博中长期对党，对国家革命、建设进行中的重大历史事件造谣和歪曲，对领袖诋毁，造成极其恶劣的影响，促进了历史虚无主义思潮的网络传播。最终，该网络大 V 被封号。可见，社会思潮网络引导应该紧紧抓住知识分子这一群体，引导和团结他们，使之成为社会主义意识形态的传播者和践行者、错误社会思潮的抵制者和终结者。

3. 党政领导干部群体

　　根据中共中央《党政领导干部选拔任用工作条例》（2019 年修订版），党政领导干部指中共中央、全国人大常委会、国务院、全国政协、中央纪律检查委员会工作部门领导成员或者机关内设机构担任领导职务的人员，国家监察委员会、最高人民法院、最高人民检察院领导成员（不含正职）和内设机构担任领导职务的人员；县级以上地方各级党委、人大常委会、政府、政协、纪委监委、法院、检察院及其工作部门领导成员或者机关内设机构担任领导职务的人员；上列工作部门内设机构担任领导职务的人员。

党政领导干部群体的素质直接关系着党的执政能力、社会的稳定和国家的发展，因此，党政领导干部群体成为社会思潮网络引导的重要受众。在我国，党政领导干部应该是社会主义意识形态的传播者和践行者，但网络时代，面对巨大挑战，一些党政领导干部在网络上出现了精神懈怠、能力不足和脱离群众的现象。他们对网络上的社会思潮传播敏感性不强，间接成为错误社会思潮的践行者和传播者，或者面对错误社会思潮不敢亮剑、不会亮剑、不愿亮剑，或者无法把握人民群众在网络上受社会思潮的影响动态，未能发挥党政领导干部在社会思潮网络引导中的重要作用。党政领导干部不仅是人民公仆，更是人民行为价值取向的标杆，党政领导干部的网络行为直接影响着人民群众对党和国家的认可度，影响着人民的思想动态与价值追求。例如，一些党员领导干部在微博中极力倡导新自由主义且否定社会主义市场经济，或肆意否定中国革命和中国历史，或大谈特谈西方所谓的"普世价值观"，直接影响了社会主义意识形态的凝聚力和向心力。因此，加强社会思潮的网络引导，需要紧紧抓住党政领导干部这一受众群体，进行社会主义意识形态的宣传教育，促使他们"真懂真信真用"，进一步影响和带动广大人民群众。

4. 农民群体

互联网在农村的普及使农民群体成为社会思潮网络引导的另一重要受众群体。互联网提升了农民接受资讯的便捷性和广泛性，但部分农民文化教育程度较低，对多元复杂的网络资讯缺乏一定的辨别能力，使得农民较易受到不同社会思潮的影响。我国农耕文化源远流长，农民所占人口比例高，"三农"问题一直是工作重点。在革命岁月，党在广大人民群众中积极开展宣传思想工作，唤醒和团结了广大农民群众，通过农村包围城市，最终取得了革命的胜利。中国进入了新时代，农村经济得到巨大发展，农民日益增长的美好生活需要与不平衡不充分发展之间的矛盾逐渐凸显出来，农民的思想追求和价值取向也在不断变化。互联网的普及、5G 的推动以及手机客户端的发展，使农村网民越来越多。据第 53 次《中国互联网发展状况统计报告》："截至 2023 年 12 月，我国农村网民规模为 3.26 亿人，占整体网民的 29.8%，较

2022 年底增加 1788 万人。"社会思潮影响农民主要呈现以下特点：一是伴随着非法宗教活动。一些文化保守主义者在农村开展宣传活动，引导农民建庙宇、塑神像，打着复兴传统中华民族文化的口号，开展封建迷信活动。同时，近年来，西方意识形态也在不断抢占我国农村这一阵地，在他们的影响下，我国信仰基督教的农民比例出现上升。除此之外，一些邪教组织也在农村开展线上线下活动。二是民粹性不断加强。当前，全面深化改革已进入深水区、攻坚期，在建设社会主义新农村过程中，土地征收、拆迁安置、扶贫低保、养老医疗等都成为农民关注的热点难点。一些社会思潮的领导者充分利用这些热点难点，挑起农民的社会情绪，引导农民抛弃集体主义精神，激发社会矛盾和社会冲突，对社会造成一定的破坏。三是历史虚无主义抬头。一些农民缺乏科学系统的历史教育，网络成为他们了解中国和中国共产党历史的主要渠道。历史虚无主义者通过影视作品、综艺节目、热点推送等方式，捏造和篡改历史，混淆视听，趁机对农民进行错误的引导，但其由于观点新奇、娱乐性强等特点而得到部分农民的推崇。守好农村意识形态主阵地，关系着农村的和谐稳定以及国家的长治久安。新时代，我们应该从农民的需求和特点出发，紧紧抓住网络渠道，线上线下联合，协调农民之间的利益纠纷和观念冲突，解决农民的实际问题，引导农民遵循共同的道德准则，推动我国乡村振兴计划和意识形态建设的同步进行。

（三）社会思潮网络引导的主要平台

随着 5G 时代的到来，"两微一端"成为社会思潮网络传播的主要平台，改变了社会思潮的传播方式，影响了人们的思想观念和价值追求。

微信、微博中的"微"强调生动、即时、自由乃至碎片化的信息传播。微博（Weibo）是微型博客的简称，是一种用户之间便捷分享、传播简短实时信息的社交网络平台，用户可以通过 PC 端、手机端等多种客户端接入，信息以文字、图片、视频等多媒体形式呈现。推特（Twitter）、新浪微博、腾讯微博、网易微博、搜狐微博是其中的突出代表。2009 年，新浪推出"新浪微博"内测版，成为第一家提供微博服务的门户网站，预示着"微时代"的到来，随之而来的是各种网络热词、网络红人、意见领袖等，微博效应逐步形成。大批名人入驻微博聚集人气，而一些普通人也通过微博，有可能一夜之间成为草根英雄，成为自媒体的典型代表。微博以其便捷性、互动性、原创性深受网民喜爱。据新浪微博 2023 年财报显示，截至四季度末，微博月活跃用户 5.98 亿，同比净增 1100 万；日活跃用户 2.57 亿，同比净增 500 万。越来越多的政府部门、专家学者、社会名人都开始使用微博，话题也囊括社会事件、教育教学、国家发展、日常琐事等方方面面，微博俨然已经成为政民沟通、公益参与、公共事件直播的聚集地，成为社会思潮网络传播的重要场域。在微博上，一些错误社会思潮主要通过两种方式传播：一是对一些社会事件和历史进行错误解读和渲染，使人们在破碎化的信息中片面化理解，掉入社会思潮设置的陷阱中。二是借助微博意见领袖的力量，围绕社会矛盾点进行讨论，发表引导性言论，扩大影响。微博上的意见领袖拥有大量的粉丝，具有一定的话语权，是社会思潮的推动者，在社会思潮传播及引导过程中起着"向导"和"桥梁"的作用，是"小广播"和"大喇叭"。

微信（WeChat）是腾讯公司推出的即时通信应用程序，支持语音、视频、图片和文字，同时还拥有"朋友圈""摇一摇""小程序""发红包""网上支付"等功能。微信具有较高的私密性，常常依托线下的朋友圈组成线上的"朋友圈"，因此，微信传播的信息具有较强的指向性和影响力，通过熟人产生思想的碰撞，可信度高，传播效果也较好。基于此，各社会思潮都在不断抢占微信这一阵地。社会思潮通过微信进行传播，主要通过创建微信公众号，进行信息的推送和传播。这些公众号经常设置雷人醒目文章标题，以博得群众的眼球，或者以揭秘为噱头散布歪曲、捏造的历史信息。如一些公众号成为历史虚无主义的大本营，连续发布一些抹黑历史人物的文章，甚至呼吁在中国开展宪政改革，美化西方制度，丑化中国特色社会主义，企图动摇中国共产党的领导。

手机客户端是指可以在手机终端运行的软件，即我们通常意义上所指的 APP（Application，应用程序）。据全国 APP 技术检测平台统计，截至 2023 年 6 月底，我国国内市场上监测到活跃的 APP 数量为 260 万款（包括安卓和苹果商店）。手机客户端的时代已悄然到来，APP也已然成为人们生活中不可或缺的一部分。手机客户端为社会思潮传播及引导者提供完善、便捷、多样、高效的传播模式，用户只需要下载安装相关应用，就可以较为全面系统地掌握传播信息，同时可保证传播的可持续性，以及传播的深度和广度。当前，微信、微博、抖音、支付宝等APP拥有庞大的用户基数，在我国的互联网生态系统中拥有举足轻重的地位。其中，微信堪称社交应用的巨头，不仅是人们进行沟通交流的重要平台，还整合了支付、购物、出行等功能，满足人们多种多样的需求。根据腾讯2023年第四季度财报显示，截至2023年第四季度末，微信及Wechat（这里指国际用户版本）的合并月活跃账户数达到13.43亿，日活跃用户数量超过10亿，足见其广泛的市场渗透率。抖音作为新兴的短视频应用程序，在国内市场保持着高度的活跃度和用户黏性。截至2023年9月，抖音的国内月活跃用户数量达到7.86亿，日活跃用户数量达到4.5亿。在手机网民使用的各类APP中，即时通信类、网络直播类、影视娱乐类最受人们欢迎，也成为社会思潮传播及引导的主要阵地。

二、社会思潮网络引导的特征

社会思潮网络引导的特殊矛盾是一定社会阶级和组织机构的思想价值体系要求与社会思潮网络传播之间的矛盾，社会思潮网络引导就是要解决这一矛盾，以促进人民群众抵御错误思潮的影响，自觉接受一定社会阶级和组织机构的主流社会思潮。社会思潮网络引导的特征表现为阶级性与人文性的并存、线上与线下的结合、破与立的统一。

（一）阶级性与人文性并存

不管在什么时代，统治阶级的思想都是占统治地位的，意识形态具有鲜明的阶级性，网络时代亦然。理解意识形态的阶级性，需要从两个层面把握：一是社会存在决定社会意识，任何阶级的意识形态都不是人们脑海中固有的，是来源于社会存在和经济基础的。二是社会意识对社会存在具有反作用，意识形态虽然依赖于社会存在，但它又是相对独立的，有其发展运动的规律，能够对政治、经济、文化等多方面产生影响，如论证和维护一定阶级的政治、经济的合法性。因此，统治阶级为了保证自己的统治地位，必须牢牢把握住意识形态建设的主动权和话语权，对人民群众开展相关的社会实践活动，如教育教学、媒体宣传、党建工作等，从而使社会意识与经济基础、政治制度、文化根基等相一致。

意识形态是一个综合体，包含了政治思想、法律思想、经济思想、社会思想、艺术、伦理、道德、宗教、哲学等，社会思潮是意识形态的重要组成部分。开展社会思潮的网络引导是开展意识形态建设的关键环节，具有很强的阶级性。社会思潮网络引导的阶级性也应从两个方面进行把握：第一，认识到不同社会思潮背后的阶级利益，即认清"引导谁"的问题。不同的社会思潮传播者在网络上可能具有多重身份，宣传内容和网络载体也是多样的，但其背后都隐藏着一定的诉求，最终指向一定阶级的政治主张和阶级利益。一些社会思潮传播者，为了在网络上博得支持者，提高观点的覆盖面，有时会依据网友的喜好，刻意弱化自己的阶级色彩或政治标签，或者适时转载一些其他社会思潮的观点主张，使其身份模糊。对社会思潮开展网络引导，一定要系统分析和把握现象，善于透过现象看本质，紧紧抓住社会思潮的阶级性。第二，认识到主导者的阶级属性，即认清"谁来引导""为谁引导"的问题。对这一问题的回答，直接决定了社会思潮网络引导的目的性。社会思潮网络引导的领导者是统治阶级，而开展社会思潮网络引导的目的，就是为了保证统治阶级在意识形态上的绝对主导权。网络社会中各种社会思潮风起云涌，穿插着各种声音，必须紧紧抓住主流意识形态，引导其他社会思潮围绕社会主义意识形态这一主旋律，奏响新时代的交响曲。

除了阶级性之外，社会思潮网络引导具有极强的人文性。社会思潮网络引导的最终目的是实现对人的引导，促进人民群众自觉抵制错误社会思潮，认同并践行主流社会思潮的思想体系和价值追求，因此，整个过程具有人文性，需要遵循人们思想道德和价值追求形成发展规律，遵循人的信息接收规律和网络心理行为模式，时刻遵守"以人为本"的原则。在开展社会思潮网络引导时，要充分考虑网民的群体属性和个体属性，尊重他们的主体地位，既强调为一定阶级服务，又尊重人民群众的价值追求，强调主体间在网络上的沟通与协作。同时，人文性还体现在社会思潮网络引导的交往互动中。每一个网民既是主体也是客体，人人都是信息的接受者和信息的发布者，每个网民都有可能成为社会思潮的受众，也可能转化为社会思潮的传播者。网络行为牵一发动全身，单靠某一个群体的力量，无法将触角伸到每一个角落，只有协同各主体，交互式开展人文引导，才能有效提高工作效率。

（二）线上与线下结合

网络社会是现实社会的延伸和拓展，具有虚实结合性，任何网络行为都能找到其现实根源与依据，不同的网络行为也折射出不同的现实问题与需求。社会思潮的网络引导同样源于现实又超越现实，基于网络又不限于网络，具有线上线下结合的特征。我国深刻认识到线上线下结合的广阔前景和无限潜力，2015 年，国务院发布了《关于积极推进"互联网＋"行动的指导意见》，从战略的角度推动线上线下工作的结合，促进各行业"互联网＋"模式的构建。随着我国网络强国战略的不断推进，网络化、智能化、服务化、协同化的"互联网＋"体系已基本完善。社会思潮网络引导正是线上与线下结合的产物，对这一特征的深刻把握，既有助于深刻剖析网络上各种社会思潮的本质，也有助于协同多方力量，塑造社会思潮引导的创新体系、激发创新活力、培育新兴的"互联网＋"引导模式，对开展新时代社会主义意识形态建设具有重要意义。

"线上"即互联网上，社会思潮网络引导的主要阵地是互联网。从背景分析，互联网的迅速发展，推动了信息化革命进程，促进了世界经济的全球化，引发了政治、经济、文化大变革，是生产力发展和生产关系变革的重要因子，世界各国都极其重视互联网信息技术的研究、发展、安全与监管。21世纪，全球已将互联网当成生产生活要素共享的重要平台，开创了经济社会运行新模式，各行各业的发展与互联网息息相关，互联网俨然已成为人们认识世界和改造世界的重要工具和有效方式。从特殊矛盾分析，社会思潮网络引导的网络属性是区别于其他社会思潮引导工作的最重要方面，决定了其独特性和方向性。社会思潮网络引导的对象是在网络上传播的社会思潮，也包括广大网民，引导的平台是互联网平台，引导的技巧离不开互联网技术，引导的主体需要具有较强的网络素养，可见，其网络属性贯穿于社会思潮网络引导的每个要素和过程中。因此，在开展社会思潮网络引导研究和工作时，必须紧密结合"线上"属性，使其网络化、智能化。

"线下"即互联网下，指互联网以外的其他现实社会，这是社会思潮网络引导的现实根源和重要补充。任何脱离现实谈虚拟、脱离线下谈线上的研究，都将成为无源之水、无本之木。社会思潮网络引导的"线下"属性，体现在以下方面：首先，前期分析社会思潮网络引导各要素中，要结合主体、客体、载体、环体的现实情况，总结社会思潮在网络上传播的现实条件、目的与结果，把握网络行为的现实诉求，归纳社会思潮网络传播与线下传播的互动规律；其次，中期开展社会思潮网络引导时，要善于协同多方力量，鼓励各类主体充分利用互联网，把握网络需求、社会需要和国家需求的导向，加强创新资源共享与合作，促进社会思潮网络引导的顺利开展，实现资源集约、结构合理、差异发展、协同高效；最后，开展社会思潮网络引导只是一种方式，而最终目的就是为了从线上走到线下，走进人们真实的生产实践过程中，引导广大人民群众在现实社会中正确开展实践活动。

（三）破与立统一

毛泽东同志指出："我们不但善于破坏一个旧世界，我们还将善于建设一个新世界。"[①] 社会思潮网络引导的过程是不断"守住红色地带、转化灰色地带、压缩黑色地带"的过程，这一过程也是在破与立中实现意识形态建设的任务。

所谓"破"是指转化灰色地带、压缩黑色地带。网络空间中的灰色地带和黑色地带掺杂着多元社会思潮元素，一些误导腐蚀着广大人民群众，对个

---

① 《毛泽东选集》第 4 卷，人民出版社，1991，第 1439 页。

人成长、社会和谐与国家发展造成不良影响，转化灰色地带和压缩黑色地带就是社会思潮网络引导"破"的过程。处于不同地带的网民由于接收的信息源、兴趣爱好、价值观的差异，开展网络交往实践活动存在着一些屏障，容易导致"说的传不到""转的截不住""想的猜不着""做的管不好"等现象。社会思潮网络引导者要想打破这些障碍，需要"保住底色、敢于亮剑、有效发声"："保住底色"要求引导者要高举中国特色社会主义伟大旗帜，坚持"红色"底色，确保社会思潮网络引导的正确方向，同时要求引导者要加强网络监管以确保网络信息安全，努力实现"阵地在我、主权在我"。"敢于亮剑"要求引导者要提高辨别红色、灰色、黑色地带的能力，分析各类社会思潮的真实诉求和背后的目的，指出各类网络道德失范现象，勇于直面网络交锋，积极应对各类话语矛盾，转被动为主动，用社会主义意识形态引导网民，引领话语方向，唱响主旋律，传播正能量。当然，在亮剑的过程中应该积极挖掘不同社会思潮的价值，加以运用与融合，充分尊重群众的价值追求，扬长避短，开展有效的引领。网络空间中，三色地带是交织在一起的，引导者要克服畏难情绪，经常上网看看，潜潜水、聊聊天、发发声，了解群众所思所愿，掌握网络空间发展态势。"有效发声"是指在转换灰色和压缩黑色地带时，要努力与网民达成共识，提高话语的吸引力、供给力和解释力。引导者要有扎实的马克思主义理论基础，准确把握网络话语的政治方向，要深入考虑网民的接受程度和理解能力，与群众实现同频共振，第一时间为群众答疑解惑，让引导者的发声变得有理、有趣、有效。

所谓"立"是指巩固和扩大红色地带。在网络空间中，红色地带是指我们开展社会主义意识形态建设的主要阵地，是党和国家最强音的发声地，是掌握和沟通民情民意的平台，是社会思潮网络引导的重要场所。社会思潮"立"的过程，是通过理论宣传、话题设置、活动策划等方式，不断巩固和扩大红色地带的过程，以及提高社会主义意识形态凝聚力和吸引力的过程。"立"在于有效地吸引和导向，既要最大范围地吸引网民到我们的阵地上来，扩大我们的圈层，又要用有效的方式，将民众导向正确的方向。近几年来，不同的官方媒体纷纷开通官方微信和微博，这就是"立"的表现形式。例如，人民日报微信公众号充分发挥其优势，第一时间发布国内外重大新闻，针对不同用户的多元需求，开设《来了，新闻早班车》《夜读》等栏目，并及时关注与点评群众关注的时事热点，转发深受网民喜爱的意见领袖的文章观点，用网民喜闻乐见的方式开展新闻宣传等，已经成为社会思潮网络引导的重要载体。

综上，社会思潮的网络引导是"破"与"立"的辩证统一，是马克思主义辩证法在社会思潮网络引导中的具体运用，是在不断扩大红色阵地的同时，逐步实现对灰色阵地的转化与对黑色阵地的压缩。

三、社会思潮网络引导的主要目标

社会思潮网络引导的目标主要分为两大部分：第一部分是针对网络上传播的所有非主流社会思潮，即用主流社会思潮引导非主流社会思潮，形成有利于社会发展的合力，为社会思潮网络引导的初步任务。第二部分是针对受众，也就是网民，即促使广大人民群众拥护、认可并践行一定社会主流意识形态，为社会思潮网络引导的最终任务。

在我国，社会主义意识形态是主流社会思潮，得到广大人民的拥护、认可和践行，其他各种社会思潮统一称之为非主流社会思潮，分别拥有不同的受众群体。社会思潮有主流与非主流之分，也有正确与错误之别，某些社会思潮也在一定程度上同时具有积极意义和消极意义，相应的也就在网络上形成了红色地带、灰色地带和黑色地带。习近平指出："红色地带是我们的主阵地，一定要守住；黑色地带主要是负面的东西，要敢于亮剑，大大压缩其地盘；灰色地带要大张旗鼓争取，使其转化为红色地带。"[1] 社会思潮的网络引导"不是简单的消灭和清除，也不是纯粹单一的占领，而是包含针对不同社会思潮的控制、吸引、凝聚、整合、认同、利用、抵制、斗争等多种方

---

[1] 《习近平谈治国理政》第 2 卷，外文出版社，2017，第 328 页。

式，是一个具有多向、复合甚至叠叉性的复杂运作过程"①。因此，社会思潮网络引导的对象应该是一切在网络上传播的非主流社会思潮，既包括灰色地带的社会思潮，也包括黑色地带的社会思潮。

社会思潮网络引导是对多元社会思潮中积极因素的凝聚与运用。所"思"能成为"潮"者，在于其理论观点和价值体系符合了受众的部分利益诉求，也在一定程度上反映了社会历史走向诉求。马克思认为："在不同财产形式上，在社会生存条件上，耸立着由各种不同的，表现独特的情感、幻想、思想方式和人生观构成的整个上层建筑。"②人们的思想千变万化，复杂多元，特别是在网络时代，社会思潮更是以不同的方式呈现在不同平台上，人们的价值追求也倾向多元化。不同社会思潮的出现是客观事实，符合文化层面的"百花齐放，百家争鸣"。因此，应该充分尊重人们的价值追求，看到非主流社会思潮中积极、进步的因素。社会思潮网络引导的过程即是对这些积极因素的凝聚和运用过程。例如，民族主义思潮作为一个长期存在的社会思潮，具有一定的积极因素，它的归属感和认同感唤醒了民众的民族意识，激发了民众的民族自尊心、自信心和自豪感，也激发了民族精神，这些都有利于社会的发展。但民族主义往往与民粹主义交织在一起，衍生出偏狭、排外、非理性、暴力等现象，具有正反双重特性。我们要积极引导、防范和化解其非理性因素带来的不良后果。可见，面对这类社会思潮，我们要辩证看待，善于挖掘和运用其积极因素，防范和化解其消极因素。

社会思潮网络引导也是对社会思潮中消极因素的转化与抵制。这一过程正是转化灰色地带、压缩黑色地带的过程。红色、灰色、黑色地带相互影响、制约和转化。例如，文化保守主义强调重视中国文化，一定程度上有利于中华优秀传统文化的继承和弘扬，但如果不加以正确的引导，则容易走入"回归传统"的保守主义、民族文化虚无主义，甚至是崇儒反马的错误境地。

---

① 侯慧君、邢国忠:《改革开放以来高校引领社会思潮的基本经验》，《思想教育研究》2012 年第 4 期。

② 《马克思恩格斯文集》第 2 卷，人民出版社，2009，第 498 页。

因此，对于这类灰色地带，我们要用社会主义意识形态对其进行转化，用马克思主义观点分析和认识中国传统文化，取其精华去其糟粕，强调守正创新。"对文化建设来说，守正才能不迷失自我、不迷失方向，创新才能把握时代、引领时代。守正，守的是马克思主义在意识形态领域指导地位的根本制度，守的是'两个结合'的根本要求，守的是中国共产党的文化领导权和中华民族的文化主体性。创新，创的是新思路、新话语、新机制、新形式，要在马克思主义指导下真正做到古为今用、洋为中用、辩证取舍、推陈出新，实现传统与现代的有机衔接。"[1] 对于黑色地带，我们要旗帜鲜明地开展斗争，进行抵制，而这个斗争与抵制的过程也是引导，是运用马克思主义思想去辨析的过程，是主流意识形态发挥作用的过程，是在与这些错误思潮的斗争中推动社会主义意识形态建设的过程。社会主义意识形态正是在与一些错误思潮的斗争中不断地增强凝聚力和吸引力。例如，历史虚无主义思潮，从学术上看，其违背实事求是的历史研究原则，从政治上看，它曲解、否定党和国家的部分历史，进而否定党的领导和社会主义制度，具有严重的危害，我们要坚决加以抵制。但抵制的过程并不是简单的消灭，而是坚持用马克思主义唯物史观对历史虚无主义观点进行辨析、揭露，是对人民群众开展正确的历史观的教育过程，是将历史虚无主义思潮传播空间不断压缩，最终转化为红色地带的过程。

社会思潮网络引导的对象还包括网民。社会思潮的网络引导过程既是主流社会思潮与非主流社会思潮相互作用的过程，更是引导者和受众相互作用的过程，是有目的、有组织、有计划地对人们施加影响的社会实践活动，最终就是为了加强主流意识形态教育，促使广大人民群众拥护、认可并践行社会主义意识形态。这一过程需要经历"知情意行"的"外化—内化—外化"的过程。因此对网民的引导可以分为认知目标、情感目标和实践目标。社会思潮网络引导的认知目标，主要表现为通过网络渠道，使网民对引导者、对主流意识形态和其他社会思潮形成一定的认知，学会正确区分不同社会思潮

---

① 习近平：《在文化传承发展座谈会上的讲话》，《求是》2023 年第 17 期。

的不同表现形式和背后的本质；社会思潮网络引导的情感目标，主要表现为通过网络渠道，使网民对引导者及其实践活动、对主流意识形态产生情感共鸣，内化并接受主流意识形态；社会思潮网络引导的实践目标，主要表现为网民对主流意识形态的内容、要求、目标的践行过程，是前两个目标的外化过程，也是终极目标。前两个目标是为了促进网民将主流意识形态"内化于心"，实践目标则是实现网民把主流意识形态"外化于行"，即"把我的那些愿望从观念的东西，把那些愿望从它们的想象的、表象的、期望的存在改变成和转化成它们的感性的、现实的存在，从观念转化成生活，从想象的存在转化成现实的存在。"①

第三节　社会思潮网络引导的重要性

"社会思潮网络引导"与"传统社会思潮引导"的对象是有区别的，其实质就是依据社会思潮引导历史发展一般规律的普遍性，将一般本质回溯于具体的网络社会、网络平台上的逻辑。马克思主义关于矛盾普遍性与特殊性的论述认为，在认识事物时，如果不掌握该事物的特殊性，就没有办法看到该事物的本质，无法区分该事物和其他事物，预测事物发展规律。网络社会是现实社会的延伸和发展，具有虚实结合性、技术性、人文性、交互性、开放性等特点，社会思潮在网络上的传播较之于传统社会思潮，表现得更加多元、激荡和迅速，呈现出主体间性、载体多元化、客体民粹化、环体动荡化等特征，对社会的影响也更加剧烈。正是因为有了社会思潮的网络传播，对民众、社会和国家产生相应的影响，产生了一定的矛盾，才使社会思潮网络引导显得尤为必要和重要。

---

① 《马克思恩格斯文集》第 1 卷，人民出版社，2009，第 246 页。

一、社会思潮网络引导关系到国家的长治久安

社会思潮属于社会意识范畴，是社会意识形态的风向标和晴雨表。能否科学有效地引领社会思潮，事关主流意识形态安全，事关中国共产党的领导，事关国家事业安全与发展。新时代明确社会思潮引导工作的价值意义，不仅是做好网络意识形态工作的需要，更是国家长治久安的必然要求。

（一）社会思潮引导事关主流意识形态安全

意识形态是关乎着举什么旗帜、走什么道路和国家长治久安的关键因素。网络自诞生之日起，就跟意识形态具有紧密的联系。新时代新征程，我国意识形态领域的斗争更为尖锐，尤其是各种错误社会思潮暗流涌动，严重威胁了我国主流意识形态安全。西方敌对势力一直在通过各种手段对我国进行意识形态渗透和颠覆，其中重要手段就是利用自身的信息技术优势，将西方的各种价值观不断渗入中国，意图攻击、贬低、丑化社会主义意识形态，进而消解我国主流意识形态的权威性和主导性。长期的意识形态渗透可能会搅乱人们的思想观念和价值取向，出现远离、淡化意识形态化倾向，甚至催生对社会主义的不满情绪，从而激化社会矛盾，威胁国家安全稳定。面对意识形态领域的斗争与侵害，我们必须强化党对社会思潮的引导能力，打击各种形式的意识形态渗透活动，强化人民群众对主流意识形态的认同感，筑牢社会主义意识形态防线。

（二）社会思潮网络引导事关中国共产党的领导

在复杂的社会现实中，中国共产党始终坚守马克思主义立场，旗帜鲜明地坚持真理、批驳谬误，并推动马克思主义与中国具体实际相结合，带领中国人民迎来了从站起来、富起来到强起来的伟大飞跃。然而，一些西方敌对势力蓄意抹黑中国共产党的形象，歪曲中国共产党的历史，导致少数人对党的方针政策产生了质疑。如历史虚无主义随意夸大党在历史上的错误，贬损和否定党在领导中国人民进行革命、建设、改革中的主体地位，诋毁和否定

中国选择的社会主义道路以及所取得的巨大成就。同时，受泛娱乐主义、新自由主义等社会思潮的影响，部分领导干部产生了贪污腐败、权力寻租等问题。西方势力借此添枝加叶地对领导干部、中国共产党进行丑化，借机削弱人民群众对党和政府的信任。社会思潮的引导直接关系到党领导地位的巩固和社会主义事业的兴衰成败。只有在中国共产党的领导下，对各种社会思潮进行科学有效的引导，才能确保其在正确的轨道上运行，为中国特色社会主义事业提供有力支持。

（三）社会思潮网络引导事关国家事业安全与发展

新时期开展中国特色社会主义建设，实现中华民族伟大复兴的中国梦，把我国建设成为富强、民主、文明、和谐、美丽的社会主义现代化强国，需要全党全国人民坚持"四个自信"。但社会主义思潮的网络传播，扩大了错误思潮的影响范围，加深了其影响程度，一些社会主义思潮中蕴含着大量动摇"四个自信"的内容。在网络平台中，可以看到一些诋毁和否定中国特色社会主义道路，唱衰社会主义制度而宣扬资本主义制度的错误言论。如新自由主义思潮极力鼓吹资本主义市场经济，否定国有企业的地位和作用，试图动摇人们对社会主义市场经济体制的信心，进而改变我国经济基础的社会主义性质。社会思潮中的积极因素可以为国家事业发展提供强大的精神动力和智力支持，而错误的社会思潮会对我国社会主义建设和发展造成很大的干扰。因此，我们必须高度重视社会思潮的引导和管理工作，积极培育和践行主流价值观，同时防范和抵制有害的思想倾向，为国家事业的安全与发展提供有力保障。

二、社会思潮网络引导关系到社会的和谐稳定

网络空间是现代社会的重要组成部分，具有虚实结合性，线上和线下相互影响，现实社会的矛盾冲突可能投射到网络，而网络空间的矛盾冲突也可能蔓延到现实社会，引起社会动乱。

（一）社会思潮网络引导事关社会的信任系数

社会信任系数是衡量社会稳定性的重要指标。我国正处在社会深度转型期，各类社会矛盾不断凸显，不平等、不公正等问题依旧存在，社会个体的不满和怨恨情绪不断累积，并通过网络舆论表达出来，希望引起相关部门的重视。随着互联网的蓬勃兴起和发展，特别是在算法推荐机制等技术广泛应用下，使得网民的负面情绪得以迅速传播并放大，甚至引发群体极化、社会分化。当这种情绪化、非理性的表达主导舆论时，容易催生出一些极端性、破坏性的思潮，通过夸大社会问题、传播不实信息，使网络舆论空间变得更为复杂。如若问题长期没有得到解决，社会个体可能会采取一些极端化、暴力化等手段再次表达诉求，进而引起社会成员间的误解与隔阂，同时在不经意间消解公众的政治认同。作为社会信任体系中的关键一环，政治信任水平的高低也会影响社会思潮的传播和发展。当政治信任水平较高时，人们更倾向于接受和支持政府推行的政策和措施，这有助于政府引导社会思潮的发展方向。反之，人们可能对政府产生怀疑和不满情绪，从而更容易受到各种社会思潮的影响和煽动。

（二）社会思潮网络引导事关社会的安全系数

一个国家和社会的安全与社会意识紧密相关。社会思潮是社会意识的重要表现，往往反映不同社会群体的利益诉求和价值观念，因而对社会安全系数的影响是复杂而多变的。积极健康的社会思潮有助于构建更加安全的社会环境，而负面或极端的社会思潮则可能带来不稳定因素，降低社会的安全系数。一些极端或激进的社会思潮往往具有破坏性和危害性，如民族分裂主义、恐怖主义等，可能煽动社会不满情绪，引发群体性事件和暴力冲突，导致社会秩序的混乱和失控。某些社会思潮可能对政治体系进行批判和质疑，削弱公众对政府的信任和支持。当政治信任下降到一定程度时，可能导致政府政策难以实施等问题，进而引发社会动荡。如保守主义思潮强调传统秩序和价值观的复兴，主张对全球化进行逆动。这种思潮在一些国家和地区引发了社会分裂和对抗，加剧了政治紧张局势和地缘政治冲突，严重威胁社会群体的生命和财产安全。

（三）社会思潮网络引导事关社会的稳定系数

新时代中国社会主要矛盾转变为人民日益增长的美好生活需要和不平衡不充分的发展之间的矛盾，这一矛盾在现实社会和网络社会中都有体现。一方面，随着社会生产的发展，人们的网络需求从最初的查阅资料、邮件往来、信息保存等，逐步发展成为休闲娱乐、生活服务、学习教育等各类需求，对美好生活的需要日益增长，但一些主流的网络文化产品无法满足网民的需求，给错误社会思潮可乘之机，导致矛盾和冲突，有些可能蔓延到线下。另一方面，线下的矛盾经由错误社会思潮传播者的包装利用，在网络上进一步发酵，影响面进一步扩大。网络群体具有冲动、善变、急躁、易受暗示、轻信等心理特点，网民在这种心理的影响下，容易出现道德失范，给他人造成困扰和伤害。例如，网络谩骂现象，有些源于社会仇富心理，由于贫富差距或城乡之间、地域之间发展不平衡的问题，导致一些网民在网络上发泄不满情绪，或戴着有色眼镜进行地域歧视，对网络空间和社会的和谐稳定都造成了一定的不良影响。

三、社会思潮网络引导关系到个人的全面发展

人是社会关系的总和，个人的发展取决于当时的社会条件，并与时代、国家和社会的发展保持一致。在互联网时代，经济全球化，社会信息化，文化多样化对人提出了全面发展的要求。网络社会中的全面发展是网民德智体美劳的全面发展，是线上线下的协调统一发展，是身体、精神、个性和社会性的协调统一发展。

（一）社会思潮网络引导事关个人的思想观念

德的发展离不开个人的政治认同、思想追求和价值观念。社会思潮往往反映了特定时期的社会现象、文化价值和思想观念，如自由主义思潮强调个

人自由和权利，而集体主义思潮则侧重于社群和集体利益。当前，科学、进步的社会思潮和错误、落后的社会思潮同时并存、相互交织，在传播过程中潜移默化地影响个人的思想观念和价值取向。科学的社会思潮倡导诚信、责任、奉献等积极向上的价值取向，这些价值取向能够引导个人树立正确的道德观念和行为准则，有助于个人形成更加积极、健康、向上的价值观，促使个人会更加注重自我修养和品德提升，努力成为一个有道德、有责任感、有担当的人。错误社会思潮的传播腐蚀了人们的思想，影响个人世界观、人生观、价值观的形成，使网络空间中出现善恶美丑不分的现象，甚至出现网络欺诈、造谣、诽谤、谩骂、歧视、色情、低俗等道德失范现象，阻碍了个人德的发展。可见，社会思潮对思想观念的影响是多方面、深远且复杂的。

（二）社会思潮网络引导事关个人的行为方式

社会思潮通过影响人们的思想观念和价值取向，进而引导人们做出特定的社会行为。科学的社会思潮可能引发积极、正向的社会行动，为个人的成长与发展提供有力支持。当社会思潮倡导公平、正义、自由、民主等价值观念时，它能够激发人们的责任感和使命感，推动人们积极参与到社会改革与进步的事业中。错误的社会思潮可能引发消极、负面的社会行动，影响个人的身心健康和发展。一些错误思潮倡导拜金主义、享乐主义等错误观念，引导人们偏离社会主义核心价值观，导致人们忽视道德约束和社会责任，进而产生一系列消极行为。如消费主义利用偶像营销的方式，引发个体的从众、攀比、跟风消费，不断为明星进行无底线应援，甚至不惜为明星错误的政治立场与行为"买单"。某些极端的社会思潮尤其是政治思潮，倡导极端主义或暴力手段改变现状、解决问题。在这种思潮鼓动下，容易产生诸多行为脱序、社会越轨的现象与问题，诱发社会动荡，甚至导致暴力冲突和破坏行为的发生。

（三）社会思潮网络引导事关个人的社会认同

作为现实的个体，人通过满足多层次的需求而实现自身全面发展的需要，其中网络需求包括改变感知体验的需要、成就和控制的需要，人际交往的需要等，一些错误社会思潮为网民提供一些低级感官体验，使网民沉溺于低级网络需求中，无法将个人的身体与精神结合起来，或者被网络所控制，出现了人的异化与倒退。如个人主义等思潮在网络上强调个人享受和个性解放，而忽略了"人是社会关系的总和"这一本质，无法将个人的发展置于特定的历史条件和环境中，导致个性与社会的脱节。一些思潮则一味强调网络的虚拟性，将网络包装成为脱离现实的乌托邦，倡导摆脱线下社会的束缚，追求"自由"与"解放"，从而出现部分网民线上线下两张皮的情况。可见，错误社会思潮的网络传播极大阻碍了个人的社会认同及归属感。

第二章
社会思潮的网络引导理论基础与学科借鉴

对社会思潮的网络传播及引导进行研究，是建立在相关理论研究和实践总结基础上的创新。理论是人们在长期实践中总结和抽象出来的对事物的系统理解和论述。理论源于实践并反作用于实践，科学的理论是对事物的准确认知，并对事物的发展具有重要的指导意义。马克思主义理论是本书的理论基础，传播学和心理学的相关理论是本书的知识借鉴。

第一节　马克思主义理论基础

马克思主义是科学的、实践的、人民的、开放的理论，由马克思主义哲学、马克思主义政治经济学和科学社会主义三大部分组成，是我们认识世界和改造世界的根本方法，也是开展本书研究的科学指导和总体方针。

一、马克思主义意识形态理论

马克思主义意识形态理论是马克思恩格斯从唯物史观出发，对以往意识形态理论进行科学改造的产物，其核心观点在《德意志意识形态》中得到集中体现。马克思主义意识形态理论认为意识形态作为上层建筑，受经济基础所影响，但意识形态并不是机械和被动的，具有相对独立性和巨大的能动性。马克思指出："在不同的财产形式上，在社会生存条件上，耸立着由各种不同的表现独特的情感、幻想、思想方式和人生观构成的整个上层建筑。"① 也就是说，意识形态离不开物质生产关系、经济基础和社会环境。社会思潮是意识形态的重要组成部分，在分析不同的社会思潮时，也应该结合社会思潮产生、发展、传播的社会存在基础和经济条件等进行考虑。在网络时代，科学技术的创新带来生产力的巨大发展，也给人们社会交往实践带来巨大的变革，社会思潮在网络上的传播与引导应结合网络时代的具体特征进行分析。同时，马克思主义认为意识形态具有阶级性，指出"占统治地位的思想不过是占统治地位的物质关系在观念上的表现，不过是以思想的形式表现出来的占统治地位的物质关系"②。因此在分析社会思潮时，应该明晰不同社会思潮的不同阶级诉求，从而掌握用主流意识形态对社会思潮进行网络引导的根本方向。

马克思主义认为意识形态的反作用体现在政治、经济、文化等方方面面，这种反作用是巨大的，有时对事件和历史具有决定性的作用。总体来说，意识形态具有引领功能、凝聚功能、稳定功能、转化功能和自建构功能。意识形态能够引领社会的多元价值观念，从而影响每个社会成员的行为，促使社会成员认同和维护相应的制度与秩序。因此，在承认多元社会思潮并存的现实基础上，运用主流意识形态开展社会思潮的网络引导成为可能。而引导的过程也是凝聚整个社会价值观念的过程，能够有效促进社会成员建立信念，自觉抵制一些社会思潮的不良影响，从而稳定社会，促进发展。意识形态同时还具有巨大的转化能力，马克思指出："批判的武器当然不能代替武器的批判，物质力量只能用物质力量来摧毁；但是理论一经掌握群众，也会变成物质力量。"③ 开展意识形态建设能有效促进社会生产和发

① 《马克思恩格斯文集》第2卷，人民出版社，2009，第498页。
② 《马克思恩格斯文集》第1卷，人民出版社，2009，第550页。
③ 《马克思恩格斯文集》第1卷，人民出版社，2009，第11页。

展，社会思潮的网络引导也就显得尤为重要和必要。意识形态的自建构功能是指"意识形态在外界环境和各种价值观念的作用下，科学地吸收新因素，克服不合理因素，不断发展和超越自身的自我调节和完善的过程、能力和作用"[①]。因此，对多元社会思潮进行引导的过程，也是主流意识形态自建构的过程，即在对其他社会思潮吸收、抵制、斗争、利用的过程中实现有效引导。

二、马克思主义交往实践理论

交往，即互相往来，是主体间进行相互沟通、相互作用的社会实践活动。马克思主义认为交往作为实践的子范畴，强调主体间、各民族之间、世界各国之间的能动关系，指出了交往实践对于社会发展的推动力。马克思预先看到世界经济的发展趋势，随着社会生产和科学技术的进一步发展，全球各国已然成为"一荣俱荣、一损俱损"的命运共同体，人与人之间、民族与民族之间、国家与国家之间的交往实践更为频繁和深入，马克思主义交往实践理论的价值也越发凸显出来。

第一，马克思主义科学阐述了生产实践与交往实践之间的区别与联系。两者的区别在于，生产实践的模式是"主体—客体"，而交往实践的模式则是"主体—客体—主体"，更加突出了主体的重要性，强调主体间的沟通与协作。两者的联系在于都是实践活动，都是人类作为主体能动地改造世界的社会性活动，同时，"生产本身又是以个人彼此之间的交往为前提的。这种交往的形式又是由生产决定的"[②]，生产实践与交往实践互为前提，相辅相成。第二，马克思主义阐述了交往实践的丰富内涵，包含了"人与人之间的交往""民族之间的交往""世界交往""物质交往"和"精神交往"等。一方面，物质交往决定精神交往，"思想、观念、意识的生产最初是直接与人

---

① 陈秉公：《马克思主义意识形态理论与社会主义核心价值体系建构》，《马克思主义研究》2008年第3期。
② 《马克思恩格斯文集》第1卷，人民出版社，2009，第520页。

们的物质活动，与人们的物质交往，与现实生活的语言交织在一起的。人们的想象、思维、精神交往在这里还是人们物质行动的直接产物"。① 另一方面，交往的必然结果是世界的交往。伴随着资本主义的扩张和地理大发现等，各国之间的联系不断加强，交往就不断扩大，最终将走向世界的交往，经济将会联成一体。在这种趋势下，"最初的地域局限性开始逐渐消失"②，"交往扩大了，工场手工业和整个生产运动有了巨大的发展……当时市场已经可能扩大为而且日益扩大为世界市场"③。第三，马克思主义认为交往实践是社会发展的推动力，费尔巴哈的唯物主义并没有把人作为现实的历史的人来对待，忽略了人的主观能动性，也就是实践性。而人作为主体，不仅能够进行生产实践，也能进行交往实践，生产与交往的相互作用、不断发展能够促进生产力的持续发展，"当交往成为世界交往并且以大工业为基础的时候，只有当一切民族都卷入竞争斗争的时候，保持已创造出来的生产力才有了保障"④。同时，交往实践的发展水平也是人类发展水平的重要体现，进入共产主义社会之后，人类摆脱了对人的依赖和对物的依赖，呈现出自由交往的状态，不断实现个人自由而全面发展。

网络是现实的延续，社会人也在网络社会中延续出网络人的特质，网络的虚实结合性、技术性与人文性、交互性与开放性等特征，给新时期社会思潮的引导带来了机遇与挑战。网络的功能是人们在网络上进行交往实践的结果，每一个网民不单是主体或者客体，网民之间呈现出一种主体间性特征，人人都是信息的接收者，人人也都可能成为信息的发布者。"在这里，发言者和听众，从他们自己所揭示的生活世界的视野，同时论及客观世界、社会世界和主观世界中的事物。"⑤ 在这种形式下，应该运用马克思主义交往实践理论，突破传统、单一的主客体关系研究范式，注重研究主体间的区别与联系，强调人类交往实践活动中多主体之间的互动性、立体性、整合性、规范

---

① 《马克思恩格斯文集》第 1 卷，人民出版社，2009，第 524 页。
② 《马克思恩格斯文集》第 1 卷，人民出版社，2009，第 559 页。
③ 《马克思恩格斯文集》第 1 卷，人民出版社，2009，第 562 页。
④ 《马克思恩格斯文集》第 1 卷，人民出版社，2009，第 560 页。
⑤ 尤尔根·哈贝马斯：《交往行动理论》第 1 卷，重庆出版社，1994，第 135 页。

性与共赢性，从而尝试总结出社会思潮网络引导的原则、方法和模式。

三、习近平文化思想

党的十八大以来，以习近平同志为核心的党中央高度重视宣传思想文化工作，围绕新时代文化建设发表一系列重要讲话、作出一系列重要指示批示，创造性提出了一系列富有中国特色、体现时代精神、引领人类文明发展的新理念新思想新战略，形成了习近平文化思想，为做好新时代新征程宣传思想文化工作、担负起新的文化使命提供了强大思想武器和科学行动指南。全媒体时代，互联网已经成为意识形态工作的主阵地、主战场、最前沿，管好、用好互联网是新形势下做好意识形态工作的关键。应该在习近平文化思想的指导下，形成党委领导、政府管理、企业履责、社会监督、网民自律等多主体参与，经济、法律、技术等多种手段相结合的综合治网格局，推动形成良好网络生态。习近平文化思想与社会思潮的网络引导具有理论基石的有机统一性、价值旨归的合规律性和任务指向的合目的性。首先，理论基石的有机统一性体现为两者皆以"两个结合"为根本遵循。习近平文化思想和社会思潮的网络引导皆坚持马克思主义的指导地位，立足于中华优秀传统文化，蕴含文化发展规律，形成新的文化形态，体现了"两个结合"的丰富内涵和内在机理。其次，价值旨归的合规律性体现为两者皆以"人民性"为价值追求。习近平文化思想和社会思潮的网络引导皆遵循人民利益至上的原则，在具体的设计、安排与运行中均体现人民意志、彰显人民主体、维护人民权益。再次，任务指向的合目的性体现为两者皆以"人的自由全面发展"为最终目标。习近平文化思想和社会思潮的网络引导皆围绕人能力的全面发展、社会关系的全面发展、个性的全面发展三个维度进行具体实践，并在不同主体的共同努力下促进人的自由全面发展。

习近平文化思想强调着力加强党对宣传思想文化工作的领导、着力建设具有强大凝聚力和引领力的社会主义意识形态、着力培育和践行社会主义核心价值观、着力提升新闻舆论传播力引导力影响力公信力、着力赓续中华文脉、推动中华优秀传统文化创造性转化和创新性发展，着力推动文化事业和文化产业繁荣发展，着力加强国际传播能力建设、促进文明交流互鉴等观点，为社会思潮的网络引导指出了具体的路径。党的十八大以来，党中央高度重视网络文化的建设和网络舆情的引导。在网络文化建设方面，完善了包括社会主义核心价值观和人类优秀文明成果在内的内容体系；指出了依法加强网络空间治理、加强网络内容建设、做强网上正面宣传、牢牢把握正确舆论导向、健全社会舆情引导机制、加强网上思想文化阵地建设、实施网络内容建设工程等具体建设途径。在网络舆情的引导方面，强调加强正面宣传，加强正面引导，用向善向上的文化充盈网络空间。从社会思潮的网络引导角度来看，我国互联网总体表现为积极向上，但网络上鱼龙混杂，不乏出现一些错误社会思潮影响着网友。在这一形势下，我们需要在习近平文化思想的指导下加强网络文化建设，分析不同社会思潮的诉求与本质，扬长避短，不断提高社会主义意识形态的凝聚力和引领力。

习近平文化思想明确提出网络强国建设的战略目标，统筹推进网络安全和信息化工作，不断推进理论创新和实践创新，与时俱进地作出一系列重大决策、提出一系列重大举措，推动我国网络安全和信息化事业取得重大成就。2023 年 7 月 14 日至 15 日，全国网络安全和信息化工作会议在北京召开。习近平总书记作出重要指示，鲜明提出网信工作的使命任务为：举旗帜聚民心、防风险保安全、强治理惠民生、增动能促发展、谋合作图共赢。同时，习近平总书记明确提出网信工作"十个坚持"的重要原则，具体包括：坚持党管互联网，坚持网信为民，坚持走中国特色治网之道，坚持统筹发展和安全，坚持正能量是总要求、管得住是硬道理、用得好是真本事，坚持筑牢国家网络安全屏障，坚持发挥信息化驱动引领作用，坚持依法管网、依法办网、依法上网，坚持推动构建网络空间命运共同体，坚持建设忠诚干净担当的网信工作队伍。这些重要论述，为做好新时代新征程社会思潮的网络引导工作指明了前进方向，提供了根本遵循。

互联网已经成为意识形态斗争的前沿和主战场，过不了互联网这一关，就过不了长期执政这一关。习近平总书记指出："现在，媒体格局、舆论生态、受众对象、传播技术都在发生深刻变化，特别是互联网正在媒体领域催发一场前所未有的变革。"① 网络日益成为人民生活中不可或缺的一部分，一些西方资本主义国家加紧运用网络对我国开展意识形态渗透，"利用网络鼓吹推翻国家政权，煽动宗教极端主义，宣扬民族分裂思想，教唆暴力恐怖活动"②，网络意识形态建设显得尤为重要。多元社会思潮在网络上的传播，也在一定程度上加深了网络意识形态斗争的严峻性。在这样的浪潮之下，信息技术的发展成为网络意识形态建设的关键因素。"互联网核心技术是我们最大的'命门'，核心技术受制于人是我们最大的隐患"③，因此要不断加强网络基础设施、通用技术、非对称和"杀手锏"技术、前沿和颠覆性技术等方面的建设。社会思潮的网络引导同样需要注重网络信息技术的运用和开发。开展网络意识形态建设，必须从群众的利益出发，在网络上走群众路线。"网民来自老百姓，老百姓上了网，民意也就上了网。群众在哪儿，我们领导干部就要到哪儿去，不然怎么联系群众呢？各级党政机关和领导干部要学会通过网络走群众路线……积极回应网民关切、解疑释惑。"④ 新时代开展网络意识形态建设，开展社会思潮的网络引导，必须紧密结合人民群众的利益，坚持人民至上的根本价值立场。

除以上三个理论基础外，从总体方法来看，还需要运用马克思主义关于联系、发展和矛盾的观点，厘清网络社会的发展脉络，掌握网络社会与现实社会的区别与联系，把握不同社会思潮产生的原因与发展的轨迹。同时，在马克思主义唯物辩证法的指导下，把握社会思潮背后蕴含的主要矛盾，寻找社会思潮网络引导的方式方法。从具体研究来看，我们应该具体分析网络时代人的本质，把握网络行为背后隐藏的社会关系与需求等方面，抓住现象背后的本质，并结合新时代的社会关系与人的需求，运用网络构建引导社会思潮的有效模式。

---

① 《习近平在视察解放军报社时强调 坚持军报姓党坚持强军为本坚持创新为要 为实现中国梦强军梦提供思想舆论支持》，《人民日报》2015 年 12 月 27 日第 1 版。
② 《习近平谈治国理政》第 2 卷，外文出版社，2017，第 336 页。
③ 习近平：《在网络安全和信息化工作座谈会上的讲话》，《人民日报》2016 年 4 月 26 日第 2 版。
④ 《习近平谈治国理政》第 2 卷，外文出版社，2017，第 336 页。

第二节　传播学的理论借鉴

　　传播学是探索和揭示人类传播本质和规律的科学，传播学与人类生活息息相关，有交流就会产生信息的传播，社会思潮的网络引导离不开信息的传播。将传播学的相关理论引入我们的论题中，有助于我们正确解释和合理解决社会思潮的传播现象与问题，指导我们开发和利用信息资源，增强信息传播的效果，有效分析社会思潮的网络传播，并提高社会思潮网络引导工作的科学化水平。

一、有效传播的五大原则

　　传播是一个传播者、传播信息、传播符号、传播媒介、传播受众等多要素积极互动的过程，这一过程受到多种因素的影响，要形成有效的传播，需要遵循一定的原则。

　　第一，可信性原则。可信即传播者所传播出来的信息是符合客观实际性、真实可靠的，能够取得受众的信任。"民无信不立"，国家得不到人民群众的信任就会走向灭亡，传播行为得不到百姓的信任时则此传播者无法生存，传播行为也就失效了。国家的主流媒体作为党的喉舌，承担着党的政策方针的宣传任务，要想让党的声音传得更开、更广、更深入，就需要坚持正确的政治导向和价值取向，牢牢把握可信性原则，全面客观地传播事实，抵制错误社会思潮的蔓延。

　　二是针对性原则。针对性原则是指传播者在充分调研分析的基础上，抓住主要矛盾，有的放矢地根据传播受众的兴趣爱好、具体需求等，开展有效传播。在研究传播现象时，例如分析某社会思潮的传播现象时，应该具体分析传播要素，把握传播行为的根本矛盾，从问题的本质出发进行有效干预。一个有效的传播，应该充分考虑传播受众的层次特点、需求特点、阅读经验、心理个性特点等，将党和国家的声音传递到每一位受众的心坎，实现"随风潜入夜、润物细无声"。

三是有序性原则。有序性指传播过程要做到有次序、有步骤、有重点，做到由浅入深、由点到面、由易到难、有条不紊、循序渐进。人的认知需要经历注意、感觉、知觉、记忆、思维等过程，是一个由易到难，有序进行的过程。传播者应该充分运用传播技巧，引起受众的注意，加强互动性，提高受众的感觉，才能唤起受众的知觉和记忆，内化为受众的思维，最终形成有效传播。

四是协同性原则。传播过程是各传播要素互动的活动，协同性原则要求"传播者或媒介领导者协调、处理好传者与受者、传播与接受的关系，使其处于协同操作、相互促进的传播状态"①。习近平总书记曾指出，新时代媒体发展要坚持一体化发展方向，就是要把握协同性原则，实现传播内容、传播技术、管理手段等的共融互通，最终实现融合后的升华质变。

五是适时适量性原则。适时要求传播者在传播过程中根据信息的性质选择合适的时间节点进行有效传播，有些需要及时发声，有些则需要在特定的时间发声。适量则要求传播者在传播过程中要充分考虑受传播者的感知和消化能力，既不累赘、不过量传播，又不至于信息量太少太单调；既避免受传播者反感，又避免无法引起他们的重视。

社会思潮的网络传播及引导本身就是一个信息的传播过程，是否坚持传播原则，直接关系着能否将党和国家的主流价值观传播到受众中，关系着社会思潮的正确走向。

二、整体互动传播模式

整体互动传播模式是我国传播学专家邵培仁在吸取国内外理论的基础上创造的有效传播模式。该模式充分考虑传播过程各要素之间的复杂关系，将整体与局部、内在与外在等有机结合在一起。整体互动传播模式强调传播的

---

① 邵培仁：《传播学》第三版，高等教育出版社，2015，第103页。

双向性、能动性、多向性和复杂性，是马克思主义唯物辩证法的灵活运用。

整体互动模式包含了三个系统和四大圈层。三个系统即人际传播系统、大众传播系统和网络传播系统，三个系统协同融合，优势互补。新时代，网络成为传播系统中的重要组成部分，如何实现线上线下的融合，有效推动传播过程顺利进行成为传播学领域研究的热点话题。四大圈层指的是核心要素、次级要素、边际因素和干扰因素。核心要素即传播学中的"五W因素"：谁（Who）、说什么（What）、什么媒介（Which Channel）、对谁说（To Who）、什么效果（What Effect）；次级要素包括信息的来源、信息的符号、传播的谋略、传播的技巧、传播的参与者、传播的接受者和传播的反馈；边际因素包括传播参与者所追求的价值因素，传播过程的环境因素、规范因素和经验因素；干扰因素指的是阻碍和不利于传播过程顺利进行的因素，包括人为干扰因素、机械干扰因素、自然干扰因素等。整体互动模式强调整体性和全面性，各要素之间辩证互动，你中有我，我中有你，动态发展，共同推进传播过程的进行。

社会思潮的网络传播及引导作为一个信息传播的过程，是知识群体、传播媒介、传播受众等要素相互作用的结果，是一个全面系统的传播体系。准确分析受众的需求与特征、采用有效的传播技巧、规避干扰因素等，构建起整体互动的传播模式，关系着社会思潮网络引导的顺利进行。

三、威廉斯的媒介文化理论

雷蒙·亨利·威廉斯（Raymond Henry Williams）是20世纪中叶英国社会主义思想家、知识分子和文化行动主义者，是文化研究的奠基人之一。威廉斯的理论具有明显的马克思主义理论色彩，他将传播学研究与文化研究结合起来，对大众文化、大众传播、工人阶级文化自由、传播与霸权等方面都进行了相关阐述。

威廉斯认为传播活动是文化的一部分和重要表现形式，是社会关系的总和，是社会实践的一部分，并对人类的行为认知起到一定的反作用。他指出

"传播系统是物质生产过程的一部分"①，所以我们在研究传播过程中，"不应仅做孤立的文本分析，而应把文本分析同对于产生这些产品的制度机构及社会结构的考察联系起来"②，要结合社会的、历史的语境中去考察和研究传播行为。威廉斯指出文化是自由和平民的，认为文化是由普通男女在实践生活中的"活生生的经历"。威廉斯认为应该对社会传播体制进行变革，社会应该支持民主传播与大众传播，创造言论自由，构建传播自由模式。他认为传播与文化霸权戚戚相关，文化霸权是各种传统、体制和形态的结合体，并依靠传播得以实现。威廉斯指出现代社会中存在着专制式、家长式、商业式和民主式的传播模式，认为传播不应该完全由统治者或市场控制，应该反对资产阶级的文化霸权与文化压迫。"一个良好的社会有赖于事实和观点的自由畅通，也仰仗于对意识和想象力的发展——明确地表达人们的实际所见、所知和所感。任何对个人言论自由的限制，实际上就是对社会资源的限制。"③

　　威廉斯的理论注重从实践角度、文化角度对传播进行研究，揭露了权利、政治、阶级与传播之间的关系，是马克思主义学说在传播学领域的拓展与延伸。网络传播作为新时代最主要的传播媒介，具有多元化、大众化、平民化等特征，对言论自由、传播自由的要求尤为明显，但网络技术垄断带来的传播霸权问题也逐步凸显。灵活运用媒介文化理论，有助于构建网络时代的自由传播模式，对社会思潮进行正确引导。不同时代不同阶层的不同价值追求是社会思潮的源头，社会思潮是时代的产物，必须把对社会思潮的研究放到特定的历史背景和文化环境中进行，结合权利、政治、阶级和传播等各因素，从实践和文化的角度加以分析，掌握现象背后的实质。

---

① Williams, R. *Marxism and Literature*(Oxford, UK: Oxford University Press, 1977), p. 41.

② 欧阳英：《在社会学与政治哲学之间——当代政治哲学研究的新路径》，中国社会科学出版社，2011，第 309 页。

③ 尼克·史蒂文森著，王文斌译《认识媒介文化》，商务印书馆，2001，第 26 页。

第三节　心理学的理论借鉴

心理学是研究人类心理现象、精神功能、行为活动的科学，其研究涉及认知、情绪、人格、行为习惯、社会关系等领域，与人们的行为、教育、信仰等紧密相关。心理学的相关理论，一方面有利于我们在研究社会思潮的网络传播时，掌握受众对不同社会思潮的接受机制。另一方面，有利于我们在研究社会思潮网络引导时，分析人的行为习惯，掌握人在网络社会中的心理机制，从而制定出符合人类心理接受机制的网络引导方式。

一、马斯诺的需求层次理论

马斯诺需求层次理论是美国心理学家亚伯拉罕·马斯诺在 20 世纪 40 年代提出的人本主义科学理论，他将人的需求从低到高分为生理需求、安全需求、社交需求、尊重需求和自我实现需求。一般情况下，当人某一层次的需求得到满足之后，会产生高一层次的需求，但低层次的需求仍存在，各层次的需求相互依赖和重叠。

第一、第二层次的需求属于较低层次的需求。生理需求，即维持人生存的最低和最原始的需求，例如食物、空气、健康等。安全需求，即确保人身安全、生活稳定的需求，为满足这一层次的需求，人类通过结成联合体、制定规章制度等方式，确认自身安全。第三、第四层次的需求是较高层次的需求。社交需求，即人对社会交往的需求，例如亲情、爱情、友情等。尊重需求即个人受到他人肯定与尊重，实现自我价值的需求，例如名声、地位、职业等。第五层次的自我实现需求是最高层次的需求，是发挥个人潜能，实现自我成长、理想和抱负的需求。需求作为人类生存发展的内在驱动力，不断驱使着人类使用劳动工具实现自我需求，紧接着产生更高层次的需求，并努力满足自我的需求，推动个人及社会的发展。在现代教育和管理的过程中，马斯诺需求层次理论指导教育者和管理者通过分析受众的需求，创造刺激因子，激励受众产生动机与行为。

人类社会进入网络时代，美国心理学家约翰·苏勒根据马斯诺需求层次理论，将人的网络行为按照需求分为"性的需要，改变感知体验的需要，成就和控制的需要，归属的需要，人际交往的需要，自我实现和自我超越的需要等"①。网络具有多元性、娱乐性、隐蔽性、偏激性、泛化性和煽动性，一些现实社会中无法得到的需求，在网络上可以迅速得到满足。一些错误社会思潮，借助网络传播载体，善于抓住人民群众关注的热点难点问题和突发性事件，运用各种方式炒作、包装，不断侵蚀我国主流意识形态的主阵地，使我国网络空间出现一些问题，给人民和国家带来一些消极的影响。这些社会思潮的某些观点正是因为满足了当下受众的需求，才得到受众的认可与推崇，因此，对社会思潮进行网络引导的有效方式，也应该从受众的需求入手，结合现实情况预测人们的需求，激发受众更高层次的需求与动机，满足人们日益增长的美好生活需求，引导受众自我实现，促进个人与社会的全面发展。

二、班杜拉的社会学习理论

美国心理学家阿尔伯特·班杜拉的社会学习理论在传统行为主义的基础上，关注人的认知、行为和环境之间的相互作用，整个理论中最重要的部分是"三元交互决定论"和"观察学习论"。

班杜拉认为在学习过程中，"行为、认知和其他人的因素，以及环境影响，三者都作为决定因素相互起作用"②，即三元交互决定。用公式B=f(P*E)表示，B指的是人的行为，P指的是人的认知，E指的是环境，三者相互影响，相互决定。"三元交互决定论"注重综合考量人的心理活动和日常行为，

① 张再兴等著《网络思想政治教育研究》，经济科学出版社，2009，第380页。
② 阿尔伯特·班杜拉著，林颖等译《思想和行动的社会基础社会认知论》，华东师范大学出版社，2018，第32页。

既结合客观的环境因素，又突出主观的认知和行为因素。社会思潮在网络上的传播，能够给受众带来影响，既有客观原因，也有受众主观的心理活动和行为取向，是个人自由选择和外在力量综合作用的结果。因此在研究传播现状的时候，必须研究受众个人的心理特征和行为方式，寻找到多元社会思潮满足受众认知和行为的因素，从这个角度切入开展社会思潮的网络引导。同时，环境因素对社会思潮的网络传播及引导影响巨大，这既包括网络大环境，如网络的技术性、人文性、虚实结合性等，也包括整个社会环境和时代背景。

"观察学习论"是指人在社会环境中主要通过直接学习和观察学习两种方式学习，其中观察学习起着重要的作用。直接学习的模式是"刺激—反应—强化"，离开了任何一个步骤，学习都不能产生。而观察学习是个体通过观察榜样如何处理在刺激前的反应而得到学习。观察学习的过程包括"榜样示范—注意过程—保持过程—动作再现过程—动机过程—与之相匹配的行为"。社会学习理论强调在个体学习过程中，观察学习、榜样示范和自我效能对研究社会思潮的网络传播及引导具有重要的参考价值。"观察学习论"注重榜样示范在社会学习中的重要作用。榜样示范包括行为示范、言语示范、象征示范、抽象示范和参照示范，在网络社会中，榜样示范结合网络信息符号，显得更为丰富。网络社会的特征降低了榜样的门槛、模糊了榜样的标准、扩大了榜样辐射的范围，这既是机遇也是挑战。因此，应该充分重视榜样的识别、引导和凝聚，使网络意见领袖等为我所用，打破网友的圈层困境，实现社会主义意识形态的有效传播。

自我效能是班杜拉社会学习理论的重要因素。自我效能主要来源于三个方面，即个体在以往行为事件中积累的经验、替代性经验和话语规劝。社会思潮网络引导的关键是提高受众的主动性和积极性，使其能够认知和践行主流社会思潮，这就需要不断提升受众的自我效能。首先，我们要考虑受众的过往经验，用历史唯物主义的方法辩证看待受众接受多元社会思潮的动机与原因。其次，我们应该多从正面引导，给予受众正向的网络体验，在与受众的良性互动过程中，培养受众对主流社会思潮的积极经验。再次，我们可以辅之榜样的力量，使榜样提供替代性经验和正向的话语规劝，从而增强受众的自我效能。

三、群体的心理特征和行为模式

关于群体的心理与行为模式，法国社会心理学家古斯塔夫·勒庞在其著作《乌合之众》中进行了详细的分析。这本大众心理学的经典著作阐述了人们在群体状态中的心理、道德和行为特征，对于各行各业开展群体研究具有重要的指导意义。

古斯塔夫·勒庞指出当人们聚集在一起时，个体的意识和特征会逐渐消失，从而"有意识人格的消失，无意识人格的突显，借由情感与观念的暗示作用与相互传染，使所有个体朝同一个方向转变并立即将暗示转化为行动"①，使群体呈现出冲动、善变、急躁、易受暗示、轻信、偏执、专横等特征。古斯塔夫·勒庞认为群体心理呈现这些特点的原因在于心理趋同、情绪感染和心理暗示。他指出个人在群体中，责任感和道德感逐渐缺失，想象力不断扩大，是非善恶的界限也变得模糊。在这一过程中，意见领袖通过形象而夸张的语言，运用断言、重复等说服手段，很快便能够引起群体的注意，并通过暗示等方式，迅速传染给群众。"在相互传染的作用下，那些享有声望的人物、观点或者事物，会轻而易举地成为人们有意或者无意模仿的对象，从而使整整一代人都具备同样的情感模式和思维表达模式。"②个体在群体中崇尚权威、迷信领袖。可见，在群体中意见领袖和说服手法都是非常重要的因素。古斯塔夫·勒庞还指出了种族精神对群体性格有着重要作用。"种族精神越强大，群体的次要特征越不明显"③，因此要想保持民族的特征不受群体的影响，使民族得以生存，培育和发展民族精神显得尤为重要。

群体的这些心理特征，使得群体容易被他人控制，呈现集体无意识，并

---

① 古斯塔夫·勒庞著，语娴编译《乌合之众》，远方出版社，2016，第 20 页。
② 古斯塔夫·勒庞著，语娴编译《乌合之众》，远方出版社，2016，第 113 页。
③ 古斯塔夫·勒庞著，语娴编译《乌合之众》，远方出版社，2016，第 132 页。

对群体中的个人和社会带来巨大的危害。网络时代，网民作为一个庞大的群体，在网络这一虚实结合的世界里，群体心理展现得淋漓尽致。键盘侠、网络暴力、网络犯罪等事件层出不穷，一些错误社会思潮也正是运用了网民群体的心理特征和行为模式，在网络上迅速蔓延并产生破坏性影响。营造风清气正的网络空间，必须深入分析网民的群体心理，主动设置话题，充分发挥正面意见领袖的重要作用，提高引导技能和话语权，弱化或避免群体无意识的产生，降低群体的次要特征，引导社会思潮的正确走向。

第三章
社会思潮的网络引导现状分析

信息技术革命促使网络社会迅速崛起，新自由主义、民主社会主义、历史虚无主义等各种思潮在网络空间激流碰撞，给我们带来了巨大的挑战。在这种国际国内大背景下，开展社会思潮网络引导是我国新时期意识形态建设的重要组成部分。党的十八大以来，我国有效开展网络意识形态建设工作，为社会思潮网络引导提供了现实保障、经验保障和技术保障，但纵观现状，当前社会思潮网络引导还存在主导力不足、创新力不够、协同力较弱和"圈层化"等问题。

第一节　网络中广泛传播的社会思潮

鸦片战争后一百多年的时间里，中国社会处在风云变幻、大变革、大动荡时期，围绕"举什么旗、走什么路"的问题，各阶层、各有识之士不断探索中国的出路、民族的前途，在不同思想理论的指导下，形成了不同的社会思潮。进入 21 世纪，中国政治、经济、文化得到更好的发展，互联网的出现使各类社会思潮的传播有了更便捷的载体，社会思潮之间的碰撞达到了新的高峰。网络是思想文化信息的集散地和社会舆论的放大器，纵观网络社会，社会思潮呈现出主流健康、百花齐放、暗流涌动的现状。社会主义意识形态成为社会思潮的主旋律，但同时也存在着其他非主流甚至是错误的社会思潮。这些思潮独特的传播特征，在一定程度上威胁着国家的安全、社会的稳定和个人的生活，对中国特色社会主义建设带来一定的冲击。

近几年来，人民论坛问卷调查中心先后对社会思潮传播现状进行了几次调研。通过对百度、人民论坛网、人民网、中国知网等网络平台进行数据分析，征集专家学者们的意见，最终调研分析出除了社会主义意识形态这一主流思潮之外，在网络中广泛传播和值得关注的还有泛娱乐主义、民族主义、历史虚无主义、新自由主义、文化保守主义、"普世价值"、民主社会主义等非主流思潮。

一、泛娱乐主义思潮的网络传播

泛娱乐化主义以享乐主义和消费主义为核心，以互联网为载体，在金融和资本的渗透下，随着商品经济的运行体现在教育、娱乐、政治等多个领域。作为资本和娱乐的产物，持续的资本投入和运作推动泛娱乐主义更加深入、多层面地进入大众生活。泛娱乐化主义蔓延主要有四个表现特征：一是网络直播带货、综艺时代大爆发。高投入、明星参与的噱头吸引了大批受众。各类综艺争奇斗艳，包括旅行、竞技、婚恋等娱乐节目层出不穷，出现了"万物皆可娱乐"的奇怪景象。二是严肃、正经新闻被边缘化。群众关注点被娱乐带偏，明星绯闻八卦、娱乐段子长期占据热门搜索前列，日常新闻及社会事件难以被关注和发掘。三是通过新媒体快速传播标新立异、讽刺经典、抹黑政治、戏说历史人物等娱乐内容，娱乐呈现情绪化。四是在娱乐全面发展的趋势下，新闻也呈现出泛娱乐化的特征。标题党成风，新闻内容通过大量渲染戏剧化细节，辅以标题的形式吸引受众，阅读完却发现文章标题反转、断章取义。新闻软化趋势明显，通过迎合受众的猎奇心理来获得更高的关注度。

休闲娱乐是人类社会生活必不可少的一部分。改革开放后，中国经济稳步向前，人民生活质量大幅度提升。在一定的物质经济基础下，群众对于精神层面、娱乐层面的需求空前提高，资本由此抓住群众的需求不断刺激放大。随着群众的娱乐阈值越来越高，资本的运作也越来越模糊了事实边界，导致泛娱乐主义肆意散播生长。泛娱乐主义通过网络传播具有速度快和范围广两个特点，能更隐蔽而深入地渗透到群众日常生活的方方面面。广告、综艺、网络游戏、影视作品，都成为泛娱乐主义生长的温床。资本借助大量媒介，将泛娱乐主义渗透其中，推崇娱乐至死的价值观。在娱乐盛行的大背景下，一定的娱乐确实缓解了快节奏生活带来的压力和疲倦，为群众的日常生活增添了娱乐氛围。但在传播过程中，娱乐容易受资本和商品化影响，资本又借助群众八卦猎奇的心理，推动娱乐化的过度发展，加速了泛娱乐主义的生长。泛娱乐化的出现模糊了事实的边界，消解了现实与虚构的界限。在"万物皆可娱乐"的基调下，娱乐事情本身的真相不再重要，事实也不需要证据来论证，无论事件真实与否，仅需要娱乐性够强，传播够广，收益够大，发掘并利用事件本身的娱乐价值，就是事件本身最大的价值。长期对事实的模糊会带来精神上的虚无和理想信念的缺失。泛娱乐化主义重构了人们对各种信息的选择和判断标准，对时政、历史人物、历史事件以戏说的方式解读和传播，容易影响群众对真实性的认知，对青少年群体更是存在不可控的风险。

二、民族主义思潮的网络传播

民族主义源于民族认同感和忠诚度，是该民族成员在争取和捍卫民族独立、平等、自由、富强道路上形成的心理状态、思想体系和意识形态，并有可能发展成为有目的、有组织的社会政治文化运动。民族主义始于文艺复兴时期，形成于法国大革命时期，发展于20世纪全世界范围内的三次民族主义浪潮。1840年鸦片战争以后，国家蒙辱、人民蒙难、文明蒙尘，中华民族遭受了前所未有的劫难；改革开放后，国家综合国力和军事实力不断上升，人民群众的民族自尊心和自信心不断复苏。在这种大背景下，民族主义思潮在我国逐渐传播。一定范围内的理性民族主义，能够唤起民族自尊心和自信心，为民族和国家的发展提供动力和保障。但民族主义思潮在传播过程中容易受到群体无意识的影响，出现极端化、狭隘化、非理想化等特点，如果不注重引导则可能出现失控状态。

互联网已经成为民族主义思潮传播和发展的主要场域，呈现正反两面性。一方面，人民群众的爱国热情不断高涨，另一方面，"在网络时代，民族主义与民粹主义合流之势愈发明显，且两者之间的界限往往难以区分。在此过程中，民粹主义扮演了一个非理性的工具，不断推动着民族主义的狭隘化、排外化发展"①。纵观一些极端的民族主义事件，他们通过网络迅速传播相关资讯，一些非理性的民族主义者运用高超的网络传播技术，在短时间内煽动网民情绪，使之从线上发展到线下，最终演变成为有目的、有组织、有计划的社会活动。这类事件往往具有参与度广、蔓延速度快、破坏力大等特点。青年学生和"草根"群众成为民族主义思潮的主要参与者和推动者。网络的便捷性使他们能够方便、快捷、多元地接收不同的资讯，网络群体之间的暗示、互动和感染，又使网民的民族主义呈现出"泛政治化"和"泛娱乐化"的特征。一些网络意见领袖或者网络营销号，盲目追求热度、点击率、评论率，善于抓住人民群众的民族主义情结，对事件进行炒作、包装、煽动网民的情绪，一定程度上也增强了网络民族主义的民粹性。

三、历史虚无主义思潮的网络传播

历史虚无主义是伴随着"全盘西化"论出现的一种错误思潮，是世界社会主义运动处在低潮的具体现象，也是西方资本主义对社会主义国家进行和平演变的一种方式。历史虚无主义主要有以下两种观点。首先，否认和歪曲中国历史，蔑视黄土文明，否定中华民族文化和民族精神，歪曲评价历史人物，否定革命的进步性和社会主义建设的历史成就，反对社会主义制度。其

---

① 胡近：《是什么激化了民族主义情绪》，《人民论坛》2018 年第 6 期。

次，歌颂海洋文明，主张西方资本主义国家的侵略有功，宣扬"告别革命论"，推崇资本主义改良，主张全面学习西方资本主义国家。历史虚无主义在中国时隐时现，从未止息，经常以学术研究、文学作品、影视作品等形式出现。历史虚无主义者善于煽动情绪、博得眼球、求得同情，美其名曰"反思历史""还原真相"，实则歪曲历史、颠倒是非、居心叵测。习近平总书记在全国党史工作会议上指出："历史虚无主义的要害，是从根本上否定马克思主义指导地位和中国走向社会主义的历史必然性，否定中国共产党的领导。"[①]

历史虚无主义在网络上十分活跃，蔓延尤为迅速，他们有四大表现形式："一是通过所谓'真相'抹黑革命领袖、诋毁革命英雄；二是通过'削株掘根'从源头上否定党的指导思想马克思主义；三是通过掀刮'民国风'美化中华民国、质疑革命、影射当下；四是通过制造'精日'乱象媚日辱国，践踏民族尊严。"[②]一方面，网络的民粹性、大众性和多元性，本身对权威历史知识存在一定的消解。另一方面，一些网民打着"还原历史真相"的口号，在网络上散播所谓的"野史"，以恶趣味调侃历史英雄人物，或者将一些民族和历史的罪人包装成为历史的功臣。同时，网络社会的求新、求异、求奇，容易给这些颠倒是非黑白的言论披上神秘的面纱，吸引部分群众的眼球，特别是历史知识储备较少的群众，更容易轻信历史虚无主义的言论。历史虚无主义思潮广泛存在于各种网络影视作品、网络小说和网络游戏中，如近几年较为风靡的穿越剧，经常陷入历史虚无主义的陷阱中。青少年是网络影视作品、网络小说和网络游戏的主要受众，他们的知识体系尚未完全建立，世界观、人生观和价值观正在形成过程中。新奇、有趣、轻松、活跃的历史虚无主义作品能够很快吸引青少年的注意力，影响他们对党、国家和历史，乃至对社会主义意识形态的正确认知，严重威胁到我国意识形态安全。

---

① 中共中央党史研究室：《历史是最好的教科书——学习习近平同志关于党的历史的重要论述》，《人民日报》2013 年 7 月 22 日第 8 版。

② 马建军、周玉：《历史虚无主义网络传播的表现形态透视及治理》，《西南民族大学学报（人文社会科学版）》2019 年第 6 期。

四、新自由主义思潮的网络传播

新自由主义思潮的基本主张是自由化、市场化和私有化，具体体现为以下几点：第一，坚持"经济人"假设，认为人是自私和理性的，在经济活动中，每个人首先是利己，追求个人利益最大化；第二，主张市场是完全自由的，提倡自由放任的市场经济；第三，反对政府干预经济，认为国家干预会破坏经济自由，扼杀"经济人"的积极性；第四，主张私有化，否定公有制，要求对公共资源进行改革，把国有企业私有化，并保护私人财产。改革开放后，中国逐步融入世界市场，出于理论研究和现实需要，再加上西方资本主义国家的文化输出与国内部分学者、媒体的积极鼓吹，新自由主义开始逐步影响我国社会经济生活。这些新自由主义者否定马克思主义政治经济学的主体地位，他们在价值观念上崇尚个人主义，在经济上主张自由化、私有化、市场化，在政治上否定公有制、否定社会主义、否定国家干预，在国际战略上主张全球资本主义一体化。

新自由主义思潮在网络上的传播"借助隐喻生动、形象化、隐匿性、高度策略性及富有感染力和想象力等优势，以政治修辞掩盖政治意识、政治具象传递政治信息，悄然表达政治主张、协调政治情感和社会信念、建构资本主义的价值观"①。他们借助大量新媒介，将新自由主义思想的相关信息渗透到歌词、小说等网络媒介中，崇尚自由主义的价值观。同时，网络上的新自由主义思潮与经济话题相伴随，常常出现在各类经济类论坛里，一些在网络上活跃的经济学者成为新自由主义思潮传播的推手。随着我国改革开放的不断深化，中国跻身为全球第二大经济体，国内各界对经济的探索和研究不断丰富，广大人民群众关注经济的热情也不断升温，网络上有关经济的话题越来越多，新自由主义思潮的传播也就越来越广。例如，一些网民在网络上宣传市场的绝对自由化，认为金钱至上，反对国家调控与监管。因此，在网络上出现了一些"精致的利己主义者"，他们崇尚个人利益的最大化，当个

---

① 杨谦、张婷婷：《新自由主义思潮的网络政治隐喻及应对》，《马克思主义理论学科研究》2020年第1期。

人利益与他人或者集体利益出现冲突的时候，就表现出极大的反抗，充满戾气。近几年来，网红现象形成了巨大的经济产业链，一些网民被部分网红所误导，追求个人的享受，盲目消费，不断充值为网红刷礼物。而一些网络文学过于追求娱乐化、世俗化和宣泄化，文字中充斥着个人主义思想，将个人主义包装成为追求自由和解放的代表，将个人利益凌驾于集体利益之上，并美其名曰"个性化"。这些现象都是新自由主义思潮在网络上的具体体现，亟须整顿与引导。

五、文化保守主义思潮的网络传播

文化保守主义又称文化复古主义，他们混淆"传统文化"和"优秀传统文化"的概念，对中国传统文化表现出全盘肯定的态度。这一态度一方面有利于中华优秀传统文化的继承和弘扬，但一方面也宣传了传统文化中一些失去历史合理性与价值合理性、具有明显消极因素的陈词滥调。他们在"举什么旗"这一问题的回答上，始终坚持"中国传统文化"，即坚持以中国传统文化为指导地位，其他思想体系为补充。可见，文化保守主义与新时代中国特色社会主义"坚持马克思主义思想的指导地位，继承和发扬中华优秀传统文化"的正确方向是不同的。"中华优秀传统文化有很多重要元素，比如，天下为公、天下大同的社会理想，民为邦本、为政以德的治理思想，九州共贯、多元一体的大一统传统，修齐治平、兴亡有责的家国情怀，厚德载物、明德弘道的精神追求，富民厚生、义利兼顾的经济伦理，天人合一、万物并育的生态理念，实事求是、知行合一的哲学思想，执两用中、守中致和的思维方法，讲信修睦、亲仁善邻的交往之道等，共同塑造出中华文明的突出特性。"[①]这些优秀传统文化是一代又一代中国人在实践中不断"取其精华、去其糟粕"的结果，是在否定之否定过程中实现的螺旋式上升，必须辩证看待，守正创新。

---

① 习近平：《在文化传承发展座谈会上的讲话》，《求是》2023 年第 17 期。

随着我国文化强国建设进程的推进，中国人民对中华传统文化越来越重视，在文化自信不断增强的同时，带有文化保守主义色彩的线上线下活动也愈加频繁。这类活动通常具有以下特征。第一，以学术活动为主。文化保守主义通常与学术研究结合起来，一定范围内的学术研究有助于社会主义文化建设，但打着学术之名，一味强调孔儒文化，甚至排斥马克思主义，就是一种落后。第二，通过线上线下各类文化学习活动传播文化保守主义。互联网使文化传播主义能够以更丰富多彩的形式展现在群众面前，文化保守主义者也同步创新了许多传播方法，如开设"国学班""女德班"，开展"读经运动""祭孔礼"等线上线下活动，在抖音、喜马拉雅等平台举行"诵经"活动等。第三，开发一系列网络传统文化产品。这些产品质量良莠不齐，出现庸俗化、形式主义等现象，使网络空间乌烟瘴气。近几年来，在相关部门的有效引导下，主流意识形态与文化保守主义不断开展牵手与合作，取得了良好的成效。如2017年召开的第八届世界儒学大会，其主题为"儒家思想与人类命运共同体"，充分展示了用社会主义意识形态引导文化保守主义的理论和实践魅力。这样的引导，一方面展示了"各美其美、美美与共"等中华优秀传统文化，展示了中国智慧和中国魅力，另一方面也展示了社会主义意识形态强大的凝聚力和吸引力，为构建人类命运共同体提供理论解释。同时，也有利于文化保守主义者在学术交流中结合时代和国家的发展需要，重新思考和选择正确的发展方向。

六、"普世价值"思潮的网络传播

"普世价值"思潮源于西方资本主义国家宣扬的"自由、民主、人权、平等、博爱"等价值体系，持有此观点的人认为西方资本主义国家（特别是美国）的价值体系是超越民族和国界的，适用于全世界的价值体系。这一思潮的倡导者打着"普世价值"的旗号为其推行霸权主义寻找借口，攻击甚至颠覆不符合其意愿和利益的他国政权，以获取战略利益和战略资源。

新时期，"普世价值"思潮在网络上有新的表现形式，如将社会主义核心价值观和"普世价值"混为一谈，认为社会主义核心价值观就是"普世价值"，而不是中国特色。再如混淆"共同价值"和"普世价值"的概念，认为中国提出的"和平、发展、公平、正义、民主、自由的全人类共同价值"与"普世价值"是一样的。这些观点混淆、偷换概念，具有一定的迷惑性。在各大论坛和微信、微博等媒体中，不乏出现西方普世价值观的相关议题，他们通过网络新媒体推销资本主义核心理念，借助网络热点问题宣传西方价值观念及其政治制度。如一些网络大V借助就业、医疗、教育、生态等热点问题做文章，认为在这些问题上，应该脱离社会性和阶级性，只讲所谓的"人文关怀"，抽象地讨论"以人为本"。他们"通过网络营销、水军灌水、收买大V、编制谣言等方式煽动民众情绪，攻击党和国家的各项方针政策，宣扬西方自由、平等、民主理念，并且瞄准青年需求，借助网络直播、社区论坛、微博微信、游戏动漫等平台贬低中国特色社会主义制度"[1]。

世界上没有两片完全相同的树叶，任何一个国家的价值观都应该同该国的历史文化相契合、同正在进行的奋斗相结合、同需要解决的时代问题相适应。一个民族，一个国家，必须知道自己是谁，从哪里来，要到哪里去，想明白了，想对了，就要坚定不移朝着目标前进。社会主义核心价值观承载着中华儿女的精神追求，体现着中国社会评判是非曲直的价值标准，与西方话语体系中的"普世价值"截然不同。"普世价值"论者将西方的价值体系凌驾于其他价值体系之上，宣扬"文明优越论"和"历史优越论"，是文化霸权和意识形态输出的体现。我们要保持高度警惕，"普世价值"的本质就是西方推行霸权主义的工具、抢占道德高地的道具和对外形象宣传的面具。

七、民主社会主义思潮的网络传播

民主社会主义思潮反对无产阶级革命，主张进行资产阶级改良，倡导在不改变资本主义私有制的情况下进行分配领域的改良，他们否定工人阶级的

领导，主张资本主义多党制，脱离经济基础和生产关系，宣传抽象的人和抽象的人道主义。20世纪，民主社会主义思潮在苏联广泛传播，最终导致苏联的解体。我国向来对民主社会主义思潮保持着高度的警惕，要求全党同志要提高警惕，划清界限。

民主社会主义思潮在网络上披着"民主""自由""人权"等外衣，极具诱惑性。许多网民，特别是青年网民对民主社会主义思潮缺乏准确的把握，容易受其误导，对其产生感性的情感共鸣，推崇这些所谓的"民主""自由""人权"。民主社会主义思潮的传播者特别擅长运用中国社会出现的一些问题和突发事件，在网络上制造矛盾点，通过包装、组织和策划，有目的地攻击中国共产党和中国特色社会主义制度。如一些西方资本主义国家在网络上散布"信息瘟疫"，这类信息有组织、有策划、有目的地对中国政府和中国人民进行"污名化"，否定中国特色社会主义制度，否定中国共产党的领导，打击中国人民的建设热情等。民主社会主义思潮者还在网络上大肆鼓吹"第三条道路"，主张中国应该走介于资本主义和社会主义之间的"第三条道路"。而所谓的"第三条道路"，究其本质，就是资本主义道路，是一种改良资本主义。他们通过各种网络技术，极力宣传一些西方资本主义国家的高福利、社会保险制度、社会补偿制度等，美化这些国家的形象，却对它们的不足与阴暗面避而不谈，向网民展示了一幅极具诱惑性的"美好"画面。在这些糖衣炮弹之下，部分网民开始怀疑社会主义制度的优越性，对中国特色社会主义道路产生了动摇。

以上这些社会思潮在网络上的传播主要经过以下三个环节来实现。首先是资讯的发布。社会思潮的倡导与追寻者通过网站、微博、微信等渠道发布相关资讯，吸引网民了解和认识，形成感性认识。不同的社会思潮有其相对固定的资讯发布平台，如新自由主义思潮倾向于出现在各类经济类论坛与节目中，历史虚无主义思潮更多地出现在各类影视作品和人物评论类平台上，文化保守主义则较多地出现在理论探索类平台中。在这一环节中，意见领袖，也就是网民的思想偶像、公共知识分子、网红达人的观点起到重要作用。其次是问题的探讨。在网民对相关资讯有一定了解的基础上，社会思潮的倡导和追寻者引导网民针对某个问题、某个社会热点等进行讨论，从而深化网民对思潮观点的认知。如针对"老人摔倒该不该扶"这一热点问题进行讨论，引发网民对"主观为自己，客观为他人"这一观点的思考，引导一部分人深化对个人主义思潮的认知。第三是线上的互动延续到线下，线上线下结合，通过社会实践形成内在认可或生成认知。思想决定行动，并指导实践，在实践中得到内化，社会思潮的拥护者在前期感性认知的基础上，将思想落实在行动上，践行社会思潮的相关理论。线上线下的互动是同步进行且不断深入的，两者相互影响。

第二节 我国社会思潮网络引导的实践经验

社会思潮的网络传播给国家的长治久安、社会的和谐稳定、个人的全面发展带来一定影响，因此，我国充分重视社会思潮的网络引导。从 20 世纪 90 年代开始触网，我国对网络的态度经历了从被动抵制到逐渐融入、再到主动建设三个阶段，而社会思潮网络引导也在此过程中逐步发展完善，同时总结出一套有效的成功经验。

一、我国社会思潮网络引导的发展历程

20 世纪 90 年代以来，中国开始触网，并经历了"触网—融入—主动建设"的过程，面临着多元社会思潮的涌入和传播，党和国家也逐步运用网络对社会思潮加强引导。党的十八大以来，党中央从信息化发展大势和国际国内大局出发，抓住信息化发展的历史机遇，大力弘扬爱国主义、社会主义、集体主义主旋律，用习近平新时代中国特色社会主义思想团结和凝聚亿万网民，筑牢共同思想基础，推动我国网络意识形态建设取得了历史性成就。在这一历史过程中，社会主义意识形态不断发挥凝聚力和引领力，引导网民擦亮眼睛、明辨是非、文明上网，推动形成良好网络生态。

（一）我国社会思潮网络引导的萌芽阶段（1994年—2000年）

1994年，中国正式接入国际互联网，中国互联网时代正式开启。随着新浪、搜狐、网易等门户网站的发展，中国以"追随者"的姿态逐步触网。互联网带来的爆炸性的多元信息和新奇的社会实践方式，吸引了一大批中国网民，但信息技术和网络监管的相对落后，使一些错误社会思潮在网络蔓延，网络在给人们带来便利的同时，也带来了一系列的负面效应。随着改革开放的不断推进，社会主义市场经济建设不断深入，网络上围绕"资本主义还是社会主义"这一主题，涌现出一些观点，一些人对西方资本主义盲目崇拜，网络上出现了资产阶级自由化思潮、新自由主义思潮、民主社会主义思潮、实用主义思潮等。

针对这一现象，我国社会思潮网络引导逐步萌芽，主要采取"防、删、堵、管"等被动方式，或采取灌输式的引导。面对突如其来又瞬息万变的信息技术，我国一方面通过较为简单的方式从信息筛选上严防错误社会思潮，另一方面逐步把社会主义意识形态建设搬到网上。1999年9月，中共中央下发《关于加强和改进思想政治工作的若干意见》，其中明确指出："加强互联网上的信息分析，有针对性地加大网上宣传力度，提高宣传质量。"[1] 强调对信息的分析，从而过滤、删除掉一些负面信息，阻止一些错误社会思潮在网络上的传播。同时，这一时期出现了一些红色阵地的雏形。以高校红色阵地建设为例，清华大学汽车工程系于1998年推出了班级共产主义理论学习主页，取名为"红色网站"。随后，"红旗在线""觉悟网站"等各类红色网络阵地如雨后春笋般出现。但这些阵地上的内容大多数是线下内容的复制，尚未遵循网络信息传播的规律，较为枯燥。

由于社会条件的限制，当时的网民对网络还处于逐步认知阶段，网络需求较为单一，大多数以查阅资料、邮件往来等简单的信息交流为主。"防、删、堵、管"的引导方式能够从源头上把控网络信息的质量，灌输式的引导也能在一定程度上提高人民群众对社会主义意识形态的认知，因此在当时

---

[1] 《教育部思想政治工作司加强和改进大学生思想政治教育重要文献选编（1978–2008）》，中国人民大学出版社，2008，第281页。

的历史条件下对社会思潮的引导起到一定的作用。但随着生产力的提高、信息技术的发展、人民网络需求的多元化、社会思潮在网络上的不断蔓延，等等，这种引导方式的不足就逐渐凸显出来。

（二）我国社会思潮网络引导的形成阶段（2000 年—2012 年）

进入 21 世纪之后，社会高速发展，经济、政治和文化等实力不断上升，信息化技术不断提升，我国进入 Web2.0 阶段。微信、微博的普及，2G、3G 网络的推广，网络开始走进千家万户，中国互联网走向了多元化广泛应用和快速发展阶段，网络日益成为人民生活中不可或缺的一部分。与此同时，随着 iphone 打开中国市场，中国也开始走进移动互联网阶段，手机客户端逐步发展起来。人民的网络需求呈现多元化趋势，网络平台不断增加，网络游戏、网络文学、网络购物、网络视频等走进人们的生活，腾讯、阿里巴巴、人人网等网站风靡全国，人们通过网络参与政治和社会热点的热情不断增长。一些错误社会思潮的倡导者运用这一契机，加强在网络上的宣传渗透，影响和带动了一批网友。这一阶段的网络，围绕"对中国特色社会主义建设的反思"这一主题进行讨论，新自由主义、民主社会主义和历史虚无主义思潮传播较为广泛。

这时期，我国网络意识形态建设进入了一个高速发展期，不断加强主体、客体、载体等建设，在探索中总结网络社会实践活动规律、社会思潮的传播规律和个人思想形成发展规律，注重工作的针对性和有效性，社会思潮网络引导工作体系逐步形成。从这一阶段开始，我们从被动转为主动，从触网转为融网，将互联网为我所用。引导者开始主动入驻各大网站，在网上走群众路线，通过互联网了解民情、汇聚民智、凝聚民力。这一时期的社会思潮网络引导体现出较强的互动性，趋向于在网络社区平台与网民之间进行信息交互、资源共享和实践沟通。采取的引导方式包括平等的在线交流、对重点群体的集体引导（如高校学生群体）、对错误思潮传播者的密切关注等。2007 年，胡锦涛在中共中央政治局第 38 次集体学习时强调："要加强网上思想舆论阵地建设，掌握网上舆论主导权，提高网上引导水平，讲求引导艺术，积极运用新技术，加大正面宣传力度，形成积极向上的主流舆论。"① 随着马克思主义中国化、时代化和大众化的进程，在多方积极努力推动下，网络红色阵地不断扩大。但与此同时，灰色阵地和黑色阵地依旧存在，社会思潮网络引导在发展过程中呈现出引导者合力不足、线上线下结合不足、引导方式创新不足等缺陷，引导效果有待提高。

（三）我国社会思潮网络引导的完善阶段（2013 年—至今）

党的十八大以来，以习近平同志为核心的党中央提出一系列新理念、新思想、新战略，推动党和国家事业发生历史性变革，中国的经济实力、科技实力、国防实力、综合实力进入世界前列，党的面貌、国家的面貌、人民的面貌、军队的面貌和中华民族的面貌发生了前所未有的变化，中国进入了新时代。在信息化技术方面，数字中国的建设、"雪人计划"的开展、国产龙芯 CPU 域名服务器的建设、5G 的推广等，实现了中国根服务器为零的突破，打破了资本主义国家的技术壁垒，保护了我国互联网安全和稳定。在信息技术的推动下，我国从 web2.0 进入 web3.0 时代，从 PC 客户端扩展到手机客户端，形成了"互联网＋"的良好氛围。互联网拉动了我国政治、经济和文化的发展，各种新模式、新应用和新业态推动着新发展，创造着新辉煌。与此同时，社会思潮在网络上的传播一刻也没有停止。这一阶段的网络，增加了"中华民族的历史与发展"的话题讨论，民族主义思潮、历史虚无主义思潮、文化保守主义思潮等在网络上传播较为广泛，网络上各种社会思潮交织激荡。这些思潮体现出两面性：一方面，表现出理性的民族主义和对中华传统文化的尊重，能够唤起民族自尊心和文化自信心，为民族和国家的发展提供动力和保障。另一方面，又展现出非理性的民族主义和崇儒反马的错误思想，体现为自大、敏感、排他、暴力，容易给社会稳定、民族形象、国家发展带来伤害。

十八大以来，我国高度重视社会思潮的网络引导，加强多方力量，围绕

---

① 《胡锦涛提出加强网络文化建设管理五项要求》，《人民日报》，2007 年 1 月 25 日第 1 版。

社会思潮的网络引导目标精心组织开展各类实践活动，同时制定了相关的预警机制，加大对网络的监管和综合治理。以习近平同志为核心的党中央从战略的高度进行部署，结合前期工作经验，加强制度建设、内容建设、队伍建设等，社会思潮网络引导进入完善阶段。

第一，在制度建设方面，先后发布了《信息网络传播权保护条例》《中共中央关于深化文化体制改革、推动社会主义文化大发展大繁荣若干重大问题的决定》《"宽带中国"战略及实施方案》《中华人民共和国网络安全法（草案）》《关于促进移动互联网健康有序发展的意见》《促进大数据发展行动纲要》《"十三五"国家信息化规划》《国家"十三五"时期文化发展改革规划纲要》等重要文件，从制度层面对网络意识形态建设、社会思潮的网络引导等进行了规划和安排。第二，在内容建设方面，不断加强中国特色社会主义网络文化建设，开展社会主义意识形态内容创新与发展。从维护国家政治安全、文化安全、意识形态安全的高度加强网络内容建设，在"两个结合"的守正创新中，推动中华优秀传统文化创造性转化、创新性发展。通过建设文明网站、培育网络内容生产和服务骨干企业等，唱响网上思想文化主旋律。同时，规范网上信息传播秩序，严厉打击网络违法犯罪等方式，持续开展"清朗"系列专项行动，对"饭圈"乱象、色情低俗、血腥暴力、网络水军等突出问题出重拳、亮利剑，加强网上思想文化阵地建设。第三，在队伍建设方面，加强引进人才力度，建立起适应网信特点的人事和薪酬制度，广招贤才，聚天下英才为我用。同时，加强宣传思想工作队伍建设，要求队伍成员"不断掌握新知识、熟悉新领域、开拓新视野，增强本领能力，加强调查研究，不断增强脚力、眼力、脑力、笔力，努力打造一支政治过硬、本领高强、求实创新、能打胜仗的宣传思想工作队伍"[1]。除此之外，中国还立足全人类的发展，提出了构建网络空间命运共同体的中国方案，提出坚持"四项原则"和"五点主张"，倡导在全球范围内加强沟通、扩大共识、深化合作，为我们开展社会思潮的网络引导营造良好的国际大环境。

---

[1] 《习近平在全国宣传思想工作会议上强调 举旗帜聚民心育新人兴文化展形象 更好完成新形势下宣传思想工作使命任务》，《人民日报》2018 年 8 月 23 日第 1 版。

二、我国社会思潮网络引导的经验总结

社会思潮的网络引导是一项关系国家安全、社会稳定和人民幸福的意识形态建设工程，我国在长期的探索过程中，总结出社会思潮网络引导的一些成功经验。

（一）善于运用马克思主义的立场、观点、方法评析多元社会思潮

马克思主义作为一种科学的世界观和方法论，是我们评析网络上多元社会思潮的有力武器。长期以来，我国宣传思想工作队伍，都善于运用马克思主义的立场、观点、方法评析多元社会思潮，帮助网民拨开云雾见青天，透过现象看本质。

第一，坚持马克思主义的指导地位。马克思主义是历史和人民选择，是用实践证明了的符合我国国情的真理。不管是在新民主主义革命时期、社会主义革命和建设时期、改革开放和社会主义现代化建设新时期，还是中国特色社会主义新时代，马克思主义始终是我国的指导思想。因此，在面对多元社会思潮时，马克思主义就是一个标杆，要看其是否与马克思主义观点保持一致，在原则性、大是大非的问题上，要坚定地拥护马克思主义的指导地位，旗帜鲜明地抵制错误社会思潮。

第二，辩证看待多元社会思潮。我国对各种网络上的社会思潮进行宽严并济的引导方案，对涉及指导思想、道路问题和政治问题的思潮，我们进行批判和引导，对学术探讨、理论研究、文化展示等，我们尊重差异，包容多样。"我们在强调开展积极的思想斗争的时候，仍然要注意防止'左'的错误。过去那种简单片面、粗暴过火的所谓批判，以及残酷斗争、无情打击的处理方法，决不能重复……绝不能以偏概全，草木皆兵，不能以势压人，强词夺理。"[①] 进入新时代，中共提出"用社会主义核心价值观引领社会思潮，凝聚社会共识"的主张，但明确指出，不能强求一律、排斥多样，要在确保

---

① 《邓小平文选》第 3 卷，人民出版社，1993，第 47 页。

社会主义意识形态主导地位的同时实现尊重差异、包容多样。

第三，抓住主要矛盾，实现有效引导。要善于观察和分析不同社会思潮背后蕴含的矛盾，抓住主要矛盾，科学掌握应对不同社会思潮的方法。"辩证法的宇宙观，主要地就是教导人们要善于去观察和分析各种事物的矛盾的运动，并根据这种分析，指出解决矛盾的方法。"[1]不同社会思潮背后蕴含着不同的矛盾与诉求，长期以来，我们运用马克思主义的矛盾分析方法，透过现象看本质，在解决主要矛盾的过程中实现对社会思潮的有效引导。堵不如疏，疏不如引，从一开始的"防、删、堵、管"到现阶段的主动引领，党和政府充分认识到矛盾的普遍性和客观性，并把认识和化解矛盾作为打开工作局面的突破口。

（二）注重发挥信息技术的动力作用

我国在开展社会思潮网络引导过程中始终注重发挥信息技术的动力作用。掌握网络信息技术创新能力成为各国生产力发展的内生动力和取得竞争优势的战略方向。习近平总书记多次强调了自主创新的重要性，指出"抓住了创新，就抓住了牵动经济社会发展全局的'牛鼻子'"[2]。多年来，中国始终注重信息技术创新，从跟跑者到并行者，并逐步成为领跑者，将网络意识形态建设的主导权牢牢掌握在自己手中。例如，打破根服务器为零的困境。根服务器是用来管理互联网的主目录，是构建互联网的关键设施之一，从某种程度上来说，根服务器控制着全球范围的互联网。多年来，美国等西方资本主义国家依靠长期以来的历史积累和技术控制，对我国实行网络霸权，中国一直没有根服务器，导致中国这个占据世界20%以上互联网用户的网络大国，只拥有5%左右的IP地址，网络意识形态安全问题凸显。为打破美国的封锁，2016年，由中国主导的"雪人计划"启动，打破了现有的根服务器

---

① 《毛泽东选集》第1卷，人民出版社，1991，第304页。
② 《习近平在省部级主要领导干部学习贯彻十八届五中全会精神专题研讨班开班式上发表重要讲话强调 聚焦发力贯彻五中全会精神 确保如期全面建成小康社会》，《光明日报》2016年1月19日第1版。

困局，为建立多边、民主、透明的国际互联网治理体系打下坚实基础。除此之外，2019 年，我国还推出首款搭载国产龙芯 CPU 的域名服务器，将从底层保护互联网安全和稳定的核心。接下来，我国将加快构建高速、移动、安全、泛在的新一代信息基础设施，在科研投入上集中力量办大事，推动强强联合，协同攻关，积极推动核心技术成果转化。

在以习近平同志为核心的党中央指导下，我国稳步开展数字中国建设。围绕数字中国建设出各种新模式、新应用和新业态，用新动能推动新发展，以新发展创造新辉煌。2023 年第六届数字中国建设峰会显示，我国数字经济规模达 50.2 万亿元，总量稳居世界第二，占 GDP 比重提升至 41.5%，数字经济成为稳增长促转型的重要引擎。"截至 2022 年底，已开通 5G 基站 231.2 万个，5G 用户达 5.61 亿户，全球占比均超过 60%；移动物联网终端用户数达 18.45 亿户，成为全球主要经济体中首个实现'物超人'的国家。从数据资源体系建设来看，2022 年我国数据产量达 8.1ZB，同比增长 22.7%，全球占比达 10.5%，位居世界第二位。"[①] 这些数据充分证明，我国数字经济发展成效显著，不仅为推进治理体系和治理能力现代化、创造人民群众更加美好的生活提供了坚实支撑，也为社会思潮的网络引导注入了澎湃动能。例如，运用大数据分析、AI 等人工智能技术，可以根据用户兴趣智能化地推送个性化的内容，改变原先信息传播的单向选择，实现用户和信息发布者的双向选择。同时，具有高度沉浸化、场景化、实时性的 VR 技术，也将成为一种全新的信息传播模式，能够有效提高社会思潮网络引导工作的亲和力和有效性。

（三）注重宣传思想工作队伍的建设

宣传思想工作是马克思主义中国化过程中产生的专有名词。在中国共产党历史上，曾用"宣传工作""宣传教育工作""政治宣传工作""思想的改造""政治工作""宣传鼓动工作""思想政治工作""宣传思想文化工作"等

[①] 《人民网评：以数字中国建设推动高质量发展》https://baijiahao.baidu.com/s?id=1764403122338340411&wfr=spider&for=pc，访问日期：2024 年 4 月 20 日。

词语来概括宣传思想工作。《1989 年宣传工作要点》中首次使用"宣传思想工作"概念，随后，在历次全国思想工作会议上，国家领导人都对宣传思想工作做出了重要部署，"宣传思想工作"概念就在党的各类文件和领导人讲话中逐渐确定下来。宣传思想工作队伍是指全党所有宣传思想部门和组织的成员，包括各级各地政府和军队的宣传文化部门成员和各企事业单位宣传文化部门成员。高度重视宣传思想工作，充分发挥这支队伍的作用，是中国共产党的优良传统与政治优势。宣传思想工作队伍是社会思潮网络引导的重要主体，我国历来重视宣传思想工作队伍的建设，以保证社会思潮网络引导的有效性。新形势下，全球范围内意识形态斗争激烈，社会矛盾凸显，宣传思想工作面临巨大挑战。针对新时期宣传思想工作队伍建设，习近平总书记在 2018 年全国宣传思想工作会议上对宣传思想工作队伍提出了"政治过硬、本领高强、求实创新、能打胜仗"①的四点建设标准。2023 年，习近平对宣传思想文化工作作出重要指示，要求各级宣传文化部门要强化政治担当，勇于改革创新，敢于善于斗争，不断开创新时代宣传思想文化工作新局面。

　　社会思潮网络引导是宣传思想工作队伍的重要工作之一，是新问题、新知识、新挑战。近年来，这支队伍在党和国家的带领下，努力突破本领恐慌，提高自身综合实力，承担起举旗帜、聚民心、育新人、兴文化、展形象的重要使命。在社会思潮的网络引导过程中，高举马克思主义和中国特色社会主义的旗帜，讲好中国故事、传播好中国声音，建设好中国特色社会主义文化，提升中国实力和影响力，以社会主义意识形态凝聚全国人民。社会思潮的网络引导是一个思想政治教育的过程，需要遵循适应超越律。一方面要求引导者所掌握的知识既要适应受众的需要，又要适当超越受众的需要，引领受众正确的走向。另一方面要求引导者既结合社会的主流需要，又要适当超越社会需要，使引导工作具有前沿性。引导者需要善于运用网络宣传政策方针、收集民情民意、掌握社会矛盾、引导舆情走向、开展社会服务。但面

---

① 《习近平在全国宣传思想工作会议上强调 举旗帜聚民心育新人兴文化展形象 更好完成新形势下宣传思想工作使命任务》，《人民日报》2018 年 8 月 23 日第 1 版。

对大众多元、变幻莫测、纷繁复杂的网络环境，一些引导者缺乏主观能动性，出现畏难情绪，无从下手、懒于专研、敬而远之或错误发声。因此我们要在继承优良传统的同时，不断加强队伍建设，以适应瞬息万变的网络时代、纷繁复杂的社会思潮和人民日益增长的网络需求。

（四）注重引导方式的与时俱进

如何实现政治话语与人们生活话语的转变，改变群众的刻板印象，真正讲好故事，打通引导者和人民群众良好沟通的渠道，是我国社会思潮网络引导实现突破性发展的关键。兼听则明，知己知彼才能百战百胜。我国在与不同思潮的斗争中，不断把握社会思潮的传播和发展规律，在分析、比较、鉴别中吸收其他社会思潮的有益之处，同时摒弃不适合我国国情、民情的地方，推进引导方式的与时俱进。十八大以来，我国注重在社会思潮网络引导过程创新引导方式，实现引导工作的润物细无声。

我国在开展社会思潮引导时，不断提高引导工作的感染力，做到以情感人。在日常信息的接收过程中，感性的信息更易传播且具有较大的扩散性。特别是在网络社会，群体的无意识人格得到凸显，情感的暗示作用增强并相互传染。因此，面对人们网络需求的多元化，我们主动转变引导方式，改变原有的灌输式引导，将社会主义意识形态贯穿到人们网络社会实践中的方方面面，达到"随风潜入夜、润物细无声"的效果。一些错误的社会思潮在中国的传播，总是以各种方式隐藏在人们日常生活中，具有一定的隐蔽性和迷惑性，使人民群众在不知不觉中受到影响。以子之矛，攻子之盾。我国在开展社会主义意识形态建设中，也逐步注重寓教于乐、寓教于情、寓教于生活，尊重受众的主体地位，从主体的需求和接受程度出发，不断创新传播方法，社会主义意识形态的感染力进一步加强。同时，在开展社会思潮网络引导时，我们善于采用辩论的方式开展工作，客观全面地呈现事物的多样性，让真理越辩越明，并进一步实现马克思主义的创新发展。邓小平曾指出："对有错误的同志，要采取与人为善的态度，给他们时间认真考虑，让他们进行合情合理、澄清论点和事实的答辩，尤其要欢迎和鼓励他们进行诚恳的自我批评。"① 因此我国始终本着开放包容的态度，客观辩证看待各种社会思潮，运用马克思主义立场、观点和方法对他们进行辨析，彰显出马克思主义的真理性，实现人民群众对马克思主义的"真听、真信、真用"。

第三节　社会思潮网络引导面临的挑战

面对社会思潮在网络上的广泛传播及其带来的不良影响，我国不断加强社会思潮的网络引导工作，并取得了阶段性的成就。社会思潮网络引导是一个常议常新的问题，新时代对我们提出了新的挑战。纵观现阶段的社会思潮网络引导，在引导者、受众、载体和大环境等方面都存在着一定的挑战，主要体现为主导力不足、创新力不够、协同力较弱和"圈层化"现象导致引导效果不佳。

一、网络引导的主导力不足

主导力，即社会思潮网络引导者对整个引导过程的控制力。在新时代，新事物、新知识、新情况、新问题层出不穷，面对这些问题，部分引导者出现了本领恐慌，从而在一定程度上造成了主导力的不足。

"所谓本领恐慌，是指由于人的才识能力不足而难以应对新情况新问题新挑战时所产生的惶恐不安情绪。"② 早在1939年，毛泽东同志在延安干部教育动员大会上就指出："我们队伍里边有一种恐慌，不是经济恐慌，也不是政治恐慌，而是本领恐慌。过去学的本领只有一点点，今天用一些，明天用一些，渐渐告罄了。"③ 一针见血地指出了在当时的历史条件下，一些领导干部不能适应抗日战争新形势的状况。如今，中国特色社会主义建设事业进入

---

① 《邓小平文选》第 3 卷，人民出版社，1993，第 47 页。
② 刘焕申、杨丽梅：《习近平的本领观与学习型政党建设》，《毛泽东思想研究》2017 年第 1 期。
③ 《毛泽东文集》第 2 卷，人民出版社，1993，第 177—178 页。

了一个新的阶段，我们离实现中华民族伟大复兴的中国梦越来越近。实现伟大梦想的进程中，伴随着伟大斗争，意识形态斗争的形势越来越严峻，网络阵地成为斗争的主阵地、主战场和最前沿。新形势对我们提出了新要求，社会思潮引导涉及政治学、教育学、传播学、心理学等学科知识，要求引导者具备较高的政治理论素养、教育学素养、人际交往素养等。在此基础上引导者还需根据网络的规律，紧跟时代潮流，具备较高的网络素养。当引导者的综合能力达不到这些要求时，就会陷入"本领恐慌"，出现主导力不足。

主导力不足首先体现为权威性不足。权威是对权力的一种自愿服从和支持，是一种具有公众影响力的威望。网络以其强大的解构力重新定义了"权威"，权威不再是自上而下的、行政命令的和不容挑战的，相反，网络社会的权威有时体现为自下而上的现象，草根网络领袖越来越多，网民以自己的方式不断挑战权威，塑造另一个权威。在进入网络时代之前，人们的信息源较少，对官方传媒机构具有很强的依赖性，引导者具有较强的权威性。但网络时代是多媒体时代、自媒体时代，信息多元多变且容易获取，引导者的权威性受到了挑战。网络时代权威的树立不仅体现在权力、地位、资历、威望上，也需要专业特长、能力才华、个人魅力的支撑。一些引导者在开展社会思潮网络引导时，仅仅停留在依靠自己的权力、地位和资历等，对受众施加压力，希望实现自上而下的强制性引导。这些人始终高高在上，在网络上脱离人民群众，不努力提高自己的专业特长和个人魅力，一点都不"贴地气"，人民群众自然不买账。同时，网络对权威的解构还体现为不信任。网络社会往往同情弱者，一个弱者的声音在网络上可能迅速引发共鸣，一些网民戴着有色眼镜看待强者。线下社会中的权威出现在网络平台时，一些网民会先入为主地认为这些权威是强者，这就设置了一定的交流障碍，无法进行平等的沟通和交流。

主导力不足还体现在网络驾驭力的不足。网络驾驭力即对整个引导过程的控制能力，包含了把关能力、舆论引导能力、网络安全防范能力等。引导者充当着网络信息守门人的角色，所谓守门人，是指"在大众传媒中可以决定什么性质的信息可被传播、传播多少以及怎样传播的人或机构"①。作为守门人，应该具备一定的把关能力，即做好信息的检查、加工和评价，并进一步发挥桥梁和导向功能。引导者对信息要进行"去粗取精、去伪存真、由此及彼、由表及里的思索，然后将自己方面的情况加上去，研究双方的对比和相互的关系，因而构成判断，定下决心，作出计划"②。这是一个"外化—内化—外化"的过程，要经过自我认知和实践活动，对信息进行鉴别与传播，而不是不假思索的复制、转载或禁止。一些官方媒体就存在"不敢发，不会发，胡乱发"的现象，还有一些部门政府网站和政务新媒体自言自语，因把关能力不足而导致失控。如一些政务号存在追星娱乐、推销商品等"博流量"行为，过度参与明星八卦话题讨论，发表不当言论而引起网民不满。2020年，某地政法委官方微博转发某艺人全球后援会的道歉信息，造成不良社会影响。同年10月，某地派出所因为在政务号上发布短视频受到不少网友关注，其"流量法宝"是一位穿着警服的女子看似一本正经地在宣传法律知识。然而，专业人士指出，她讲的内容完全偏离常识，很多时候连专业术语都没分清楚。

网络是把双刃剑，网络引导的主导力不足将给国家安全和长治久安、社会的稳定带来严重影响。西方一些资本主义国家一直利用技术优势，运用网络对我国开展错误社会思潮的渗透，同时雇佣网络间谍和网络水军，破坏我国网络社会生态。一些引导者对自己的阵地疏于管理，导致出现账号被盗、泄密等事故。2007年起，美国利用微软、雅虎、谷歌、苹果等在内的9家国际网络巨头实施监听计划，即棱镜计划（PRISM）。2012年，斯诺登向全世界披露了这一计划，全球哗然，这起"棱镜门"事件让全世界人民清楚地看到网络世界并不"安全"。随着社会发展，国内外环境发生了深刻复杂变化，一些西方国家将围绕科技领域在网络上发起攻击，强化对我国科技领域的遏制打压，严重威胁我国科技安全甚至国家安全。他们大肆开展长时间、大规模、高烈度的网络攻击，涉及人工智能、芯片研产、清洁能源、先进制造等

---

① 邵培仁：《传播学》第三版，高等教育出版社，2015，第135页。
② 《毛泽东选集》第1卷，人民出版社，1991，第180页。

一大批重点单位，妄图实现对我国重点领域的恶意操控。2024 年 6 月 14 日，国家安全部发布文章《警惕网络社交媒体中的"猎密者"》，指出境外间谍情报机关隐藏在网络社交媒体中，提醒广大网友网络社交需谨慎，防范意识不可少，个人信息莫轻传，安全防线要筑牢。

二、网络引导的创新力不够

创新是突破常规，是在现有知识的基础上，以未来为导向，改进和创造新的内容、方法、路径的实践活动。创新是推动事物发展进步的不竭动力，创新对于个人、社会和国家的发展至关重要。习近平曾指出："面对日益激烈的国际竞争，我们必须把创新摆在国家发展全局的核心位置，不断推进理论创新、制度创新、科技创新、文化创新等各方面创新。"① 但一些引导者在开展引导工作时，难以突破思维定式，缺乏创意、故步自封、墨守成规，没有做到与时俱进，使工作流于形式而未取得真正的引导效果。

思维定式是影响创新的重要因素。思维定式也叫定式思维、惯性思维，是指人们根据以往积累的心理和思维模式，按照固定的思路和习惯性方法来认识和解决问题的一种心理现象。当条件不变时，思维定式能够提高人们认识和解决问题的效率，当条件发生改变时，思维定式则会桎梏人们的思考，阻碍事物的发展。社会思潮网络引导过程中的思维定式体现在两个方面：一是引导者的思维定式。引导者教条地将线下的社会思潮引导内容和方法照搬到线上，坚持固有的内容、程序和方法。他们延续传统的教育模式，从上而下灌输式地开展引导工作，无法辩证看待人民群众在网络上的诉求。二是人民群众的思维定式。一些人民群众对主流意识形态教育具有刻板印象，认为主流意识形态是高高在上的，与自己的生活没有关系。他们认为这些引导活动流于形式，枯燥无味。在这两方面的思维定式中，前者是后者的原因，后者是前者的结果，要想改变人民群众的刻板印象，归根到底就需要引导者不

---

① 《习近平总书记谈创新》，《人民日报》2017 年 3 月 3 日第 10 版。

断创新，摆脱困境。

创新能力不够直接导致平台吸引力不够、黏度不够，从而出现一些"僵尸账户"。"僵尸账户"是指在网络平台上形同虚设，不更新、不互动、不交流的账户。这类账户主要有两种。一种是引导者中存在的"僵尸账户"。在信息技术推动下，政府部门、高校、主流媒体等都纷纷开通了网络官方平台。截至 2023 年 12 月，各行政级别网站共开通栏目数量 26.1 万个，主要包括信息公开、网上办事和新闻动态三种类别。但据人民网舆情数据中心的统计数据显示，在政务机构官方平台中，存在大量僵尸账号。这些"僵尸账户"长期不进行更新，许多功能无法使用，特别是互动功能几乎形同虚设。群众在这些平台进行了咨询、投诉，账户不及时回复或者采用自动回复，敷衍了事。引导者出现"僵尸账户"的现象，是其"本领恐慌"的直接体现，容易引起人民群众的疏远和反感，社会思潮的网络引导无从入手。2023 年底，中央网络安全和信息化委员会印发《关于防治"指尖上的形式主义"的若干意见》，明确指出："'指尖上的形式主义'是形式主义问题在数字化背景下的变异翻新，也是加重基层负担的主要表现之一。防治'指尖上的形式主义'，事关党的形象，事关人心向背，事关国家治理体系和治理能力现代化，对于推进党风政风社会风气向上向好具有重要意义。"政务新媒体迎来一次洗牌。据媒体报道，借此轮防治，许多单位都主动申请注销本单位的政务新媒体账号。另一种是人民群众中存在的"僵尸账户"。一些引导者从自身工作的角度出发，运用行政手段强制要求用户入驻。入驻引导者的网络平台后，因为平台的吸引力和创新力不够，最终沦为"僵尸账户"。有些引导者甚至强制要求人民群众关注、点赞或转载，程序烦琐，耗时间耗流量，群众不堪其扰。

网络时代求新求异求快，因此，依托网络开展社会思潮引导，需要通过不断创新，将内容以多样化的方式展现出来，提高社会主义意识形态传播的凝聚力和引导力。但创新的前提是守正，要守住马克思主义在意识形态领域指导地位的根本制度，守住"两个结合"的根本要求，守住中国共产党的文化领导权和中华民族的文化主体性。在守正的基础上进行内容、形式、方式方法上的创新。现代社会人们的生活工作压力巨大，一些群众在网络上不具备深入系统学习的条件。从传播学的角度来说，大而全的东西难以传播，短小精悍的东西更易于传播。因此，引导者在创新方法的时候，要学会化繁为简，长长的路要慢慢地走，深深的道理要浅浅地说。社会思潮的引导蕴含着丰富的理论知识，引导者应该将复杂的内容通过形象生动的图画、数据、影像等方式呈现，并尽量简短化。创新需要引导者更深度全面地观察和思考社会思潮网络引导，从"怀疑"的角度去不断肯定、否定，从认同到批判，从批判再到新的认同，永无止境，最终促进事物螺旋式上升发展。

三、网络引导的协同力较弱

协同是指"系统中各子系统的相互协调、合作或同步的联合作用及集体行为，结果是产生宏观尺度上的结构和功能"。[①]协同强调事物内部各要素或事物之间，基于共同的目标，建立良好的合作沟通机制和资源共享平台，进行全方位的交流协作。协同能够推动创新，实现"1+1>2"的结果，因此我国不断强调各行各业要注重协同创新。社会思潮网络引导是一个集多主体、多元素在内的复杂的意识形态系统工作，各主体间协同合作可以"拧成一股绳，劲往一处使"，反之则是"一盘散沙"，无法实现资源优化配置。但就现状而言，部分引导者存在以行政推进并各自为政的现象，导致出现协同力不足的困境。

开展社会思潮的网络引导，引导者包括宣传思想工作主管部门、思想政治教育工作队伍、主流媒体、网络意见领袖等，在这个过程中，既有行政的力量也有市场的力量。我国正处于社会主义初级阶段，全面深化改革过程中，市场在资源配置中起着决定性作用。但一些引导者一味以行政推动，忽视市场的规律，无视甚至排斥其他企业在社会思潮网络引导过程中发挥的重要作用，试图"闭门造车"，最终难以有效地开展引导活动。例如，各高校为积极推进网络思想政治工作，不断开发网络平台，其中不乏一些用户体验

---

① 赫尔曼·哈肯著，凌复华译《协同学》，上海译文出版社，1995，第 7—15 页。

较好的产品，但由于高校之间存在壁垒，欠缺协同，这些产品无法在其他高校推广使用。近几年来，教育部也在网络协同育人方面进行了探索，开发了大学生在线、慕课、易班等网络平台，但如何推动协同创新，进行资源的优化配置，实现主体、客体、载体等深度融合，提高平台的黏合度仍需进一步探索。比如各高校运用多个网络平台进行线上教学，一些学生面临每门课一个 APP 的困扰，每个 APP 的模式也不尽相同，给学生们徒增许多烦恼。再如，一些高校各个部门依据自己的职能开发了网络平台，宣传部门开设新媒体中心、后勤部门开设后勤服务一体化平台、教务部门开设教学服务系统等，但结果是"遍地开花，无处结果"，甚至出现内部抢用户资源的现象。同时，这些平台内的信息和功能大量重复，导致学生出现视觉疲劳和选择困难。协同力的不足大大降低了社会主义意识形态的凝聚力和吸引力，甚至出现适得其反的结果。

纵观网络产品市场，我们不难发现，市场以其自由性、灵活性、创造性、竞争性等特点，使网络产品通过用户的使用，实现更新换代和优胜劣汰，最终不断完善产品的功能，获得用户的肯定。如新浪网、腾讯网等，都是在市场的运作下走进人民群众的生活中。一定的行政推动有可能快速拉动官方网络平台在人民群众中的关注度，但这类产品如果不加强内容建设，那就只会"昙花一现"，经不起实践的考验，不久就将下架淘汰或者沦为"僵尸账户"。例如，《人民日报》曾收到读者来信，信中阐述了这一现象："一些部门和单位用公众号、APP 等现代信息手段传播政策、公开政务，方便群众办事，是一件好事。但有的部门和单位却层层下任务，要求强行关注下载。APP、公众号有部门建的，有地方搞的，有为某个单项活动设置的。群众来办事，要求办事群众先下载 APP、注册并捆绑手机号、填写个人信息，有时还强行要求完成 100 条至 200 条下载任务。其程序烦琐，既误时间又耗流量和资费，群众很有意见。基层干部每天一上班，就得打开各类 APP 和公众号，发朋友圈、点赞并截屏反馈，同样不堪其扰。"[1] 2024 年 3 月，新疆公开

---

① 《强推关注公众号 基层干群烦透了》，《人民日报》2018 年 1 月 9 日第 20 版。

通报形式主义增加基层负担典型案例，其中有案例为：新疆科协在去年底盲目下达全区相关系统新增 2772 个账号、2024 年底粉丝量总数不低于 2000 万人的任务目标，要求县级相关单位账号粉丝量达到户籍人口的 25% 以上。有媒体评论，这个目标几乎高得"违反常识"。可见，运用网络开展政务服务和社会思潮引导是一件利国利民的好事，但协同不足、仅靠行政推进、各自为政则会给人民群众带来困扰。社会思潮网络引导的平台要长久地发展，必须坚持"导向为先、内容为王、创新为要"的原则，积极构建起协同创新机制，确定共同目标，建立沟通平台，激发合作的内在动力，最终实现双赢。

四、网络"圈层化"现象导致引导效果不佳

不同群体在某个共同喜好的网络平台上聚集，用一定的网络表达方式进行互动，形成一个个网络圈层和网络亚文化。网络"圈层化"现象的出现，顺应了网民个性化需求，同时也在一定程度上带来了一些信息交互屏障，导致出现"想的猜不着""转的截不住""说的传不到""做的管不好"等现象。为避免社会思潮网络引导工作陷入边缘化困境，需要深入分析网络"圈层化"现象，在"破圈""融圈"与"建圈"中实现引导工作的"破"与"立"。

"圈层理论"是由德国经济学家杜能提出的，他认为在研究工业生产布局时，应该以城市为中心，根据农业耕作秩序，将产业布局分为六个圈层。而后，其他学科的研究者将"圈层"的概念引入到本领域的研究中。我国社会学家费孝通在研究中国乡村结构时，也曾引入"圈层"的定义，并提出"差序格局"概念。他认为"我们的格局不是一捆一捆扎清楚的柴，而是好像把一块石头丢在水面上所发生的一圈圈推出去的波纹。每个人都是他社会影响所推出去的圈子的中心。被圈子的波纹所推及的就发生联系。每个人在某一时间某一地点所动用的圈子是不一定相同的"[1]。人与人之间联系和互动

---

[1] 费孝通：《乡土中国》，上海人民出版社，2006，第 21 页。

就形成圈子，每个人都有一个以自己为中心的圈子，同时又从属于以优于自己的人为中心的圈子，而社会（包括网络社会）就是由无数以个人为中心形成的圈层构成的。

人们的社交圈层主要受血缘、地缘、经济水平、政治地位和知识文化水平等影响，在现实社会中，这些因素越强，圈层越大。在网络上，这些因素依然对圈层的形成带来一定的影响，但越来越弱。网络圈层是"网络社群的一种具体形态，就是一些有相似特性的网络用户在某个他们共同喜好的网络平台上聚集，形成一个个网络聚合体"①。网络圈层主要表现为以下两种情况。一种是线下圈层在网络上的延续，如 QQ 同事群、微信亲人群、同学群等。这类网络圈层具有较强的固定性，往往延续着线下圈层的话语方式和互动方式，圈层的中心人物具有很强的权威性和引导力，且较为稳定。但这类圈层由于缺乏隐匿性，圈层内成员的交流和互动会受到线下等级层次的影响，主观能动性并不能得到充分的发挥。另一种则是线上形成的新圈层，这类圈层的成员在线下有可能互不相识，但源于某一个兴趣点或同一个需求而在网络上形成了圈层，如考研论坛、微博粉丝群、网络游戏团队等。此类圈层内可能形成独特的亚文化，如同暗语似的维系着成员之间的沟通交流，成员归属感强且主观能动性得到激发，因此呈现出自由、轻松、愉快的互动氛围，但这种圈层具有多元易变性。

网络"圈层化"带来了信息屏障。资本、技术驱动下形成的"圈层化"带来了"信息茧房"，将引导者与网民隔离于不同的交往实践场域，无法达到共鸣。总体呈现出主流声音无法精准传达、网络异见无法有效过滤、思想动态无法准确把握、错误倾向无法及时纠偏等。同时，"信息茧房"还衍生出娱乐至上、人的异化、价值沦陷等诸多问题。一些错误社会思潮利用网络圈层的同质性与排他性，结合网络群体的兴趣爱好和网络行为特征，以独有的圈层亚文化进行互动，造成部分网民的人际交往障碍和价值认知障碍，解构了主流意识形态的话语权。处在一定圈层的群体形成固有的圈层符号，这些

---

① 陈志勇：《"圈层化"困境：高校网络思想政治教育的新挑战》，《思想教育研究》2016 年第 5 期。

网络符号"既阻断他者的窥视、进入，也区别其他圈层，还返身强化圈层共同体的辨识度和认同感"①，一定程度上起到作茧自护的作用。但同时，这种作茧自护也增强了网络圈层的群体无意识，使其非理性不断上升，作茧自护也就变成了作茧自缚。网络为群体的交流蒙上了一层主体包装和技术加工的面纱，模糊了时间与空间的概念，弱化了线下的身份，使交流变得神秘，无意识行为不断增加。一些网络圈层不乏出现一些虚假、诈骗、攻击、谩骂、恐怖、色情、暴力等现象，腐蚀了网民的价值观，败坏了社会风气，使网络空间乌烟瘴气。

　　网络"圈层化"给引导者带来巨大的挑战。一些引导者未能打破圈层壁垒融入受众的网络圈层，或者不能通过有效方式将受众吸引到自己的网络圈层中。在网络圈层中，"圈层成员在信息技术的帮助下，以价值为准绳，以算法为支撑，过滤异质信息接收同质观点，在此过程中不断强化其所在圈层的排他性及狭隘的圈群认同"②，这就给社会思潮的网络引导提高了难度。网民在圈层中展现出"自我、个性、自由"的语言风格、"简单、趣味、创造性"的表达方式、"现实观点表达和个人价值追求相结合"的行为诉求。如"栓Q（我真的会谢）"是表达无语的状态，"退！退！退！"表达出反对、抵制、抗拒等情绪。引导者如不了解该圈层的亚文化，一味地采用"高大上"的话语内容和表达方式，则无法引起共鸣。现阶段，一种引导者互动性、开放性、趣味性较弱，尚未"破圈"，相关推送无法产生黏性，甚至出现"物极必反"的负面效应。以高校为例，近几年来，各高校积极开展网络思想政治教育，通过网络渠道对社会思潮进行引导。一种是高校建设了相关的主题网站，开展线上线下活动，发布相关信息，在这个圈层里，部分高校的信息发布者是老师，信息浏览者也是老师，学生几乎不感兴趣，这些网站俨然成为教师自说自话的场域，引导效果甚微。另一种现象是教师建立了QQ或微信群，希望对学生开展社会思潮的引导，但常有学生背着教师再建立一个没

---

① 马中红：《青年亚文化视角下的审美裂变和文化断层》，《广州大学学报（社会科学版）》2019年第3期。
② 刘美辰：《网络思想政治教育话语表达策略研究》，《学校党建与思想教育》2022年第24期。

有老师参加的 QQ 或微信群，从而出现"官方群"和"自由群"的区别。有老师存在的圈层是一种情况，没有老师存在的圈层又是另一种情况。即使一些教师打入学生的网络圈层中，也有可能因为不懂学生的圈层文化而无法融入，从而使社会思潮网络引导的效果不佳。

第四章
社会思潮网络引导"主体互动"模式探索

在系统掌握社会思潮网络引导各要素、特征的基础上,面对现阶段社会思潮网络引导的困境,我们要从整体上进行把握,尝试探索社会思潮网络引导的"主体互动"模式。"主体互动"模式是基于网络社会多元主体的主体间性特征,在遵循人的思想形成发展规律、网络社会的规律和社会思潮网络传播规律的基础上,从宏观上对社会思潮网络引导要素的整体把握。

第一节 "主体互动"模式的内涵

对"主体互动"模式的探索,充分体现了以人为本的理念和合作共赢的目标,形象揭示了社会思潮网络引导各系统和要素之间的联系,简洁、清晰地描述了整个过程,有助于引导者沿着模式,把握重点,集中精力开展工作,有效提高工作效率。

一、主体间性:社会思潮网络引导的新视角

近年来,主体间性的概念广泛运用于学术界。"主体互动"模式是"主

体间性"理论在社会思潮网络引导中的运用，其中，主体互动就是主体间的互动，注重发挥人的主动性、主导性、创造性和超越性等属性，强调主体间的相互作用。

（一）主体间性的概念

德国现象学大师埃德蒙德·胡塞尔在先验主体论的基础上开始探索认识论的主体间性，探索自我与他我在认识上的联系，主张要从"自我"走向"他我"，从单数的"我"走向复数的"我们"。德国哲学家马丁·海德格尔则从生存论哲学方面关注主体间性，认为"我与他人之间的生存上的联系，也即我与他人之间的共同存在以及我与他人对于客观对象的工作论的认同"[1]。随后，犹太人哲学家马丁·布伯在其代表作《我与你》中阐述了基于"对话主义"的主体间性理论，提出关系是相互的，把"我—你"的关系概括为亲密无间的人际关系、情同手足的天人关系，"在布伯的学说里，人与物的关系让位于人与人的关系，理论与伦理二者实现了最终的统一"[2]。德国哲学家尤尔根·哈贝马斯则从社会交往的角度阐述主体间性，他认为："'自我'是在与'他人'的相互关系中凸显出来的，这个词的核心意义是主体间性，即与他人的社会关联。唯有在这种关联中，单独的人才能成为与众不同的个体而存在。离开了社会群体，所谓自我和主体都无从谈起。"[3]这些观点从不同角度阐述了主体间性的概念和重要意义。

主体间即主体和主体之间，即个人与他人、个人与社会、个人与类的关系。我国不少学者在马克思主义的指导下，对主体间性这一概念进行探索和完善。在综合前人研究的基础上，马克思主义视域下的主体间性至少应该包含以下几个方面的内容。一是"主体间性"认为个人与他人、个人与社会、个人与类之间存在互为主体的关系，即构建起"主体—主体"或"主体—中介—主体"的新型模式，人的主体性体现为主动性、主导性、创造性和超越

---

[1]　张再林：《关于现代西方哲学的"主体间性转向"》，《人文杂志》2000 年第 7 期。

[2]　张再林：《关于现代西方哲学的"主体间性转向"》，《人文杂志》2000 年第 7 期。

[3]　尤尔根·哈贝马斯著，郭官义译《重建历史唯物主义》，社会科学文献出版社，2000，第 53 页。

性等属性；二是主体间性存在于人们认识世界和改造世界的全过程，是认识论和实践论的统一，广泛存在于生产实践活动和交往实践活动中；三是主体间性是主体性在主体间的延伸，强调主体与主体之间相互尊重、平等交流、相互影响、相互渗透和相互作用，以谋求共同发展；四是主体间性并不是完全取代传统"主体—客体"模式，而是一种拓展。主体和主体之间仍然存在共同的客体，使之呈现"复数主体—客体"的关系，同时在交往实践过程中，每个主体又都是作为他人的对象性存在的，或者是作为自我认识的对象存在的，具有一定的客体性，也就是每个人都是主客体的统一体。

（二）个人思想观念和价值追求形成发展过程中的主体间性特征

思想观念和价值追求的形成是外因和内因共同起作用的过程。外因包括一定社会和阶级的要求与约束，个人所处的政治、经济、文化环境等，内因则是个体对外在信息认可、吸收和转化的过程，也就是"外化—内化—外化"的过程。这一共同过程经历了"知、情、意、行"的步骤，最终使一定的思想观念和价值追求内化于心、外化于行。而不管是外因还是内因，都存在着主体间性的特征。

从外因来看，人的思想观念和价值追求具有社会性，从而呈现出主体间性。毛泽东曾指出："人的正确思想是从哪里来的？是从天上掉下来的吗？不是。是自己头脑里固有的吗？不是。人的正确思想，只能从社会实践中来，只能从生产斗争、阶级斗争和科学实验这三项实践中来。"[1] 也就是说，个人的思想观念和价值追求来源于社会实践。社会实践包括生产实践和交往实践。传统意义上的生产实践主要是人作用于物的活动，体现出"主体—客体"的模式，但随着生产力和生产关系的发展，人们的生产实践活动越来越细化，已经远远不止人和物的关系，呈现出"主体—客体—主体"的主体间性。例如，在原始社会，人类生产一把斧头，只需要个人就可以完成，呈现出单纯的"主体—客体"关系。在现代社会，特别是互联网推动下的全球经

---

① 《毛泽东文集》第 8 卷，人民出版社，1999，第 320 页。

济时代，产品被细分为若干个零部件，不同的零部件可能来自不同的国家、不同的群体，人们要生产出一个产品，必须与不同的主体之间进行互动，从而呈现出"主体—客体—主体"的主体间性。交往实践则是在生产实践基础上的"人与人之间的交往""民族之间的交往""世界交往""物质交往"和"精神交往"等。这些交往是建立在一定的政治、经济、文化基础上，强调主体间的沟通与协作，必然呈现出主体间性的特征。

从内因来看，人的思想观念和价值追求遵行"知情意行"的递进转化，呈现出显著的主体间性。从知到行的转化过程，就是主体间进行不断互动的过程。知即对一定社会所要求的思想观念和价值追求的认识，情即在认识过程中产生的主观情绪，意即主体在履行思想观念和价值追求时表现出来的克服一切困难的毅力，行即在实践中履行一定思想观念和价值追求的实际行动。一方面，人们的认识一部分来源于日常主流的宣传教育，是教育者之于受教育者的主体间性活动。另一方面，人们在进行内化的过程中，总是把自我与他人进行参照对比，在与他人的互动过程中，加深对思想观念、价值追求和自我素质、自我追求等方面的认识，不断调整和完善自我，以实现个人与他人、个人与社会之间的统一，具有主体间性的特征。

（三）社会思潮网络引导中的主体间性特征

网络交往实践具有多元性、去中心化、虚实结合性等特点，网民在交流互动中更加追求平等、民主、自由，个人的主动性、主导性、创造性和超越性得到更好凸显，主体性在主体间也得到极大的凸显。社会思潮的网络引导归根结底就是运用网络对个人思想观念和价值追求的引导。故个人思想观念和价值追求形成发展过程中的主体间性、网络社会交往实践的主体间性，决定了社会思潮网络引导中的主体间性。

社会思潮网络引导中的主体间性具体体现为：引导者和受众都是具有独立自主、主观能动性的主体，他们之间不是支配与被支配、控制与被控制的关系，而是一种建立在相互平等基础上的双向互动的关系。这种双向互动关系是建立在"以人为本"的基础上。"以人为本"要求"把人作为主体和目的，而不仅仅是教育的客体和被改造的对象，把人作为教育的本质而不是单纯的教育结果"①。社会思潮的网络引导过程，人（包含引导者与受众）是根本目的和动力，一切都是为了引导广大人民群众的思想动态，也需要依靠广大人民群众开展引导，只强调受众是根本目的和只强调引导者是动力，都是片面的。在网络社会中，引导者和受众的关系不仅仅体现为"一对一"，有可能出现"一对多""多对一"和"多对多"。在这种多元互动的局面下，人人都有选择权和话语权，人的主观能动性得到极大的发挥，人本性得到进一步体现。在"以人为本"理念的指导下，一方面，引导者的主体性使其能够全面客观地研究受众、引导内容和引导方式等，积极主动、灵活多样、富有创造力地开展引导工作。另一方面，受众的主体性使其能够积极与引导者发生互动，认同、参与并促进引导过程。引导者和受众在相互作用的过程中呈现出螺旋式上升状态。

人的本质是一切社会关系的总和，人在交往实践中不断完善自我，实现人的全面发展，而良性的交往实践总是建立在尊重与平等基础上。网络打破了传统社会的权威模式，更强调人的平等与自由，强调充分尊重人的主体地位，实现自由发声与平等对话。互联网为引导者和受众提供了互动的平台，海量的资讯和便捷的上网方式，使人们摆脱了时间和空间的束缚，提供了自由选择的机会，网络的虚拟性也让双方摆脱了现实社会中层级关系的束缚，能敞开心扉开展沟通，营造了相对民主的氛围。在网络平台上开展社会思潮的研究与引导，需要进一步确定引导者和受众的主体地位，两者不存在霸权、支配，而是一种相辅相成的共生关系。离开了引导者，网民容易被大量的信息充斥和误导，无法辨别不同社会思潮的本质与目的，迷失在不同的社会思潮中，导致网络空间的混乱并进一步影响现实社会。而离开了受众，引导者开展的所有工作就缺乏目的性和准确性，无法将工作落到实处到达"彼岸"。因此要在互相尊重和理解的基础上，研究双方的需求和特点，寻找契合点和共同目标，打破网络圈层，实现平等对话和良性互动，以求共同发

---

① 张耀灿等著《现代思想政治教育学》，人民出版社，2006，第287页。

展。当然，在整个平等互动的过程中，需要强调引导者的主导性，不断提高引导者的话语供给力、凝聚力和引领力，使引导者始终处在指导地位，引导着社会思潮和受众思想动态的正确走向。

二、"主体互动"模式的构建标准

模式指某种事物的标准形式或使人可以照着做的标准样式，是对现实的抽象和理论的简化，是对事物本质的直观反映。一个优秀的模式应该具备呈现性、整体性、创新性、启发性和实用性，能够去除一些次要因素，用最简洁的方式，将事物发展过程中最重要的因素、规律和本质，以形象生动的方式呈现出来，并给人们带去启发和指导。相应的，社会思潮网络引导的模式应该具备以下标准。

一是简洁性。能够简洁直观地呈现社会思潮网络引导的几大要素及其之间的关系。社会思潮网络引导涉及诸多方面，包含了思想政治教育学、传播学、心理学等方面的知识，是一个纷繁复杂的过程，但引导者、受众、传播信息和网络载体这四者是主线。因此，社会思潮网络引导模式应该抓住这一主线，用符号、图形等方式，揭示它们之间的关系，使人一目了然。除此之外，还要综合考虑社会思潮网络传播过程中的其他因素，以及它们之间的互动关系。

二是实用性。能够指导引导者开展工作，实用性强。模式是对理论的简化，是方法论的具体使用。构建模式的最终目的是给引导者提供一种简洁实用的工作思路和方法，以更好地实现引导目的。

三是创新发展性。即模式应紧跟时代潮流，特别是结合网络信息技术的发展进行不断完善。一个优秀的社会思潮网络引导模式，不应该是僵化的，应该能够使人们结合具体情况，对模式进行灵活运用，能够充分体现引导者的主观能动性和创造性，使模式在推陈出新中不断发展。

第二节 "主体互动"模式的基本结构

　　根据社会思潮各要素之间的具体联系，以及社会思潮网络引导模式的基本特征要求，社会思潮网络引导的"主体互动"模式如图4.1所示。"主体互动"模式包含三个圈层：一是核心圈层，二是次要圈层，三是边际圈层。三个圈层相互联系、相互制约、相互影响，共同构成了社会思潮网络引导主体间互动交流的整体过程，揭示了社会思潮网络引导过程中的关键因素和重要环节。

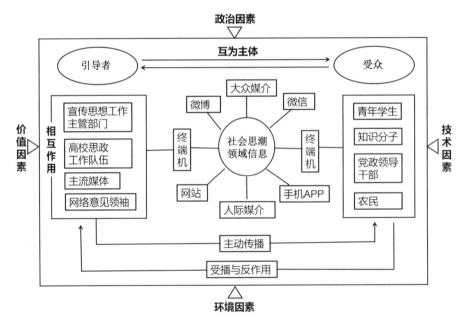

图 4.1 社会思潮网络引导的"主体互动"模式图

一、"主体互动"模式的核心圈层

　　社会思潮网络引导"主体互动"模式的核心圈层包含社会思潮网络引导

的主体（引导者、受众）和引导内容（社会思潮领域相关信息），主要体现社会思潮网络引导过程中，主体之间围绕社会思潮领域的相关内容进行互动和引导。其中，宣传思想工作主管部门、思想政治工作队伍、主流媒体、网络意见领袖是最主要的引导者，这四大部分的引导者之间相互联系和作用，各有分工但协同合作，共同完成社会思潮的网络引导。人民群众是受众，其中，青年学生、知识分子、党政领导干部和农民是较为重要的群体，受众之间时刻都在进行着信息的交流与传播，互相影响。从主要引导者和主要受众的构成来看，引导者和受众之间相互联系、相互转化，一些人既是引导者也是受众，例如知识分子。引导者之间的互动、引导者和受众之间的互动就构成整个引导过程的"主体互动"。社会思潮领域的信息是主体间进行互动的中介，包括承载各种社会思潮的符号、文字、行为等，以及社会主义意识形态相关信息，没有这些核心要素，社会思潮的网络引导就无法进行。

"主体互动"模式的核心圈层体现出社会思潮主体围绕社会思潮的相关内容进行主体间互动的过程。社会思潮网络引导的主体可大致分为引导者和受众两个群体，两者都是主体，过于突出或忽视一方的主体地位，都不利于社会思潮网络引导工作的顺利进行。强调两者的主体地位，使引导者和受众的主体间性贯穿于引导过程的每个阶段，两者相互联系、相互影响、相互作用。引导者和受众虽然同样作为主体，但在整个过程中主体性的出发点、表现形式、成效等都有一定的区别。总体而言，引导者具有更强的主导性，而受众具有较强的主动性，因此，将引导者称为主导主体，受众称为主动主体。

引导者是社会思潮网络引导的主导主体。主导即能够影响和决定事物发展的方向，社会思潮的网络引导虽然强调尊重受众的主体地位，但引导者应始终根据国家的方针政策，把控引导过程的各环节，确保不走歪路、邪路和老路。受众是社会思潮网络引导的主动主体，应充分发挥其主观能动性。受众对引导者和引导活动具有一定的反作用，一些受众在一定情况下，还有可能转为引导者，共同开展工作。受众通过"知情意行"将引导内容"内化于心、外化于行"的过程，就是个人主观能动性发挥作用的过程，促进受众正确发挥这一阶段的主体性，是开展引导工作的最终目标。值得注意的是，受众对主动性的认知，有一部分是自知的，有一部分是不自知的。自知的受众具有较强的主观能动性，引导的效果较好。不自知的受众对整个社会思潮网络引导工作无感，既不接受也不排斥，不主动参与相关活动，但也有可能不知不觉接收到其他社会思潮的信息。对于这部分受众，如果我们不去主动引导，就有可能导致他们受到其他错误社会思潮的影响。因此，引导者更应该充分发挥其主导性，结合不同受众的具体特征、需求和接受能力，有的放矢地开展工作，从而激发受众的主观能动性，使其积极主动地参与到相关活动中。

二、"主体互动"模式的次要圈层

社会思潮网络引导"主体互动"模式的次要圈层主要指社会思潮网络引导的载体。总体来说，网络媒介是载体中的重点，包括微博、微信、手机APP、网站等。但在社会思潮网络引导过程中，网络媒介通常要经过大众媒介、人际媒介，才能起到更好的传播效果，三者相互影响、相互制约、相互作用，共同构成了模式中的次要圈层。

广义的大众媒介包括纸质媒介和电子媒介，网络媒介属于电子媒介的一种。随着信息技术的高速发展，网络媒介成为人们日常生活中不可或缺的重要媒介，呈现出一些全新的特点和规律，因此越来越多的学者将网络媒介单独出来进行研究，产生了狭义的大众媒介，即报纸、杂志、广播、电视等。本书采取狭义的大众媒介定义。受众的层次、阶级、接受能力等不同，对媒介的需求也不同，因此网络虽然成为开展社会思潮引导的主阵地、主渠道，但大众媒介的作用也是无法取代的。在全媒体时代，信息来源多元化，网络与其他媒介相辅相成，受众从其他媒介接收的信息会影响他们对社会思潮的综合判断，引导者也经常通过其他媒介拓展自己的网络引导。例如，报刊有助于更系统、更深入地分析社会思潮问题，可以给网络引导提供更多专业支撑，而广播、电视则突破了网络客户端的限制，可以将引导者的声音传得更宽、更广。

　　人际媒介是指人与人面对面的直接交流，是最原始最本能的交往互动形式。布伯曾指出："人生存的基本事实是彼此关联着的人。人无法逃避与他人发生关系。我与你相遇，我和你彼此关联，即使我们的交往是一场相互斗争。即使在彼此的关联中，我已不完全是我，你也不完全是你。但只有在生动的关联中，才能直接认识人所特有的本性。"[1] 人只要与他人发生互动，就在进行着人际交流，开展着一定信息的传播。社会思潮网络引导过程中，不仅包含线上的交流，也时刻进行着线下的人际交流。如引导者之间共同探讨社会思潮网络引导的方式方法，受众之间针对某一种社会思潮的知识进行交流互动等。对比大众媒介和网络媒介，人际媒介体现为点对点、个人对个人的信息传播，具体包括口头语言交流、肢体语言交流等，具有非制度化、非正式性、情感性表达、私密性等特征。人际媒介依赖于一定的人际关系，双方的等级、价值追求、亲疏程度等决定了人际媒介的效果。由于人际媒介发生在现实社会中，且与个人心理因素、情感因素紧密相关，因此信息传播具有较高的可信度，特别是权威人物开展的人际传播，影响力较高。社会思潮网络引导过程中，需要将线上的活动延伸到线下，多开展人与人之间的传播，提高引导的综合效益。

三、"主体互动"模式的边际圈层

　　社会思潮网络引导"主体互动"模式的边际圈层即贯穿渗透在整个社会思潮网络引导过程中的边际因素，主要包括政治因素、价值因素、技术因素和环境因素。政治因素是指一定社会阶级的要求，价值因素是指主体的思想行为方式与价值取向，技术因素是指科学技术的发展，环境因素是指开展社会思潮网络引导的综合环境。

　　政治因素在"主体互动"模式中处于重要的地位，决定着社会思潮网络

---

[1]　熊伟主编《存在主义哲学资料选辑》上卷，商务印书馆，1997，第 185 页。

引导的目标和方向。不同阶级、不同社会拥有不同的价值追求，决定了不同的意识形态教育。在我国，历史和人民选择了中国共产党，选择了中国特色社会主义道路，必须坚决地开展社会主义意识形态教育，有目的、有计划、有组织地对其他社会思潮进行引导。而美国等西方资本主义国家，企图模糊社会思潮的政治因素，鼓吹所谓的"普世价值观"，实则在全球范围内渗透其思想观念和价值体系，我们必须始终提高警惕。

价值因素是政治因素在引导者和受众身上的具体体现。在社会思潮网络引导中，引导者和受众的思想行为方式、价值追求等直接影响着引导工作的开展。例如，引导者如果不能从思想和行为上认同社会主义意识形态，那么他们在开展工作时，就会缺乏供给力和说服力，无法以理服人、以情感人、以行带人。不同的受众拥有不同的价值因素基础，引导者需要考量受众对某一社会思潮的认识和接受程度，再有的放矢地开展工作。例如，有研究显示，高校大学生受新自由主义思潮影响较深，个人主义、享乐主义、拜金主义现象较为明显，农村群众则受文化保守主义影响较深。除此之外，主体的身份、地位、知识水平等，也直接决定了主体的价值因素。

技术因素是社会思潮网络引导的重要影响因子。生产力的发展推动了科学技术的发展，直接决定了信息技术的走向。技术因素主要包括社会思潮网络引导采用的载体、载体间融合的程度、引导者对技术的运用能力和受众对技术的接受能力。在"主体互动"模式中，引导者一定要紧跟技术潮流，对信息技术保持较高的敏锐度，能够第一时间将高新技术运用到社会思潮网络引导过程中，以技术推动方法创新，使社会思潮网络引导时刻保持鲜活的生命力。

环境因素既包含国际国内的大环境，也包括开展社会思潮网络引导的具体环境和氛围。从国际环境来说，世界正面临着百年未有之大变局，各国都注重开展意识形态教育，纷纷通过网络促进社会思潮的传播，进行意识形态的渗透，网络已经成为无硝烟的战场。国内环境上，中国正处在实现中华民族伟大复兴的战略全局，社会主义建设事业进入攻坚克难期。这期间，不同的社会思潮和不同的利益诉求直接转化为不同的社会矛盾，网络就像一个放大镜，将这些社会矛盾淋漓尽致地呈现出来。从具体环境来看，不同的引导者针对不同的社会思潮，或针对不同的受众开展网络引导时，具有不同的环境和氛围，我们应该充分考虑环境因素，因地制宜、因时制宜、因人而异地开展引导。

第三节　主体之间的互动与协同

宣传思想工作主管部门、思想政治工作队伍、主流媒体和网络意见领袖是社会思潮网络引导的主要引导者。这四支队伍在社会思潮网络引导过程中各自发挥着不同的作用，如何实现它们的良性互动和协同，是构建"主体互动"模式的关键。

一、发挥宣传思想工作主管部门的协同作用

除部分网络意见领袖外，社会思潮网络引导者总体来说都属于党的宣传思想工作队伍，因此，宣传思想工作主管部门在社会思潮网络引导过程中就如同掌舵人。宣传思想工作主管部门协同其他引导者，实现宣传思想工作主管部门主导、其他引导者参与、重心下移、共建共享，具体方法是以政治建设促协同、以监管工作促协同、以抓典型树榜样促协同。

（一）以政治建设促协同

政治建设是中国共产党的根本性建设，决定了党的建设方向和效果。社会思潮网络引导的引导者中党员占了绝大多数，以政治建设解决思想问题，凝聚各方力量，实现全党团结统一，是协同引导者的有效之举。党在各个时期都非常重视政治建设，并取得了成就，但党内仍然存在部分党员不讲政治、忽视政治、淡化政治的问题。这些问题在社会思潮网络引导过程中，主要表现为以下几点。一是引导者并未坚持用党的科学理论武装头脑，歪曲、

篡改或否认马克思主义，没有真信真懂真用，导致引导工作的解释力和说服力不够。二是引导者并未坚定执行党的政治路线，一些引导者在复杂的网络社会思潮中迷失了自己，偏离了党的路线方针和中国特色社会主义基本方略，导致在网络上出现违背自身政治身份的话语，或者一些引导者无法做到坚决同一切违背、歪曲、否定党的政治路线的言行作斗争。三是引导者并未坚决站好政治立场，一些引导者不能坚定地把马克思主义的立场和为人民服务的立场结合起来，不能做到立党为公、执政为民，把人民对美好生活的向往作为奋斗目标。四是引导者政治能力不足，缺乏在网络社会分辨各种社会思潮的能力，无法辨别政治是非、保持政治定力、驾驭政治局面、防御政治风险，对各种错误思潮的警惕性不够，斗争精神不足，不敢、不愿、不会亮剑，对错误思潮听之任之。这些问题的存在导致引导者队伍思想散乱、人心不齐、力量不足、能力不够。因此，宣传思想工作主管部门应该从全局出发，以加强政治建设为突破口，在提高政治觉悟、坚定政治信仰、坚持党的政治领导、提高政治能力和净化政治生态中解决问题，不断增强"四个意识"、坚定"四个自信"、做到"两个维护"，在党中央集中统一领导下齐心协力、步调一致开展社会思潮的网络引导。

（二）以监管工作促协同

宣传思想工作主管部门作为中共主管意识形态方面工作的主导者，长期以来通过制定方针政策、规划部署全局性工作、开展指导协调工作等，实现对整支队伍的监督管理。例如，2015 年，中共中央办公厅、国务院办公厅下发《关于进一步加强和改进新形势下高校宣传思想工作的意见》，从指导思想、基本原则、主要任务、队伍建设、阵地管理等方面，对高校宣传思想工作队伍提出了具体的要求，指出了工作方向，实现对高校思想政治工作队伍的协同。2018 年，国务院办公厅下发的《关于推进政务新媒体健康有序发展的意见》指出，到 2022 年，要协同整支队伍，建成以中国政府网政务新媒体为龙的政务新媒体矩阵体系，全面提升政务新媒体传播力、引导力、影响力、公信力。2019 年，国务院办公厅印发了《政府网站与政务新媒体检查指标》和《政府网站与政务新媒体监管工作年度考核指标》的通知，加强了对主流媒体的监管。在《关于推进政务新媒体健康有序发展的意见》中，明确提出今后将重点解决政务新媒体"睡眠""雷人雷语""不互动无服务"等现象，在监管中提高队伍力量，实现队伍协同。2019 年，国家互联网信息办公室发布《网络信息内容生态治理规定》，进一步加强网络生态治理，营造良好网络生态环境。2021 年，中央网信办发布《关于进一步加强"饭圈"乱象治理的通知》，提出取消明星艺人榜单、优化调整排行规则等十项措施，深入整治"饭圈"乱象问题。同年，针对畸形的饭圈文化、明星艺人违法失德等文娱领域出现的突出问题，中央宣传部印发《关于开展文娱领域综合治理工作的通知》，营造天清气朗的文娱风气。同年，国家广播电视总局办公厅发布《关于进一步加强文艺节目及其人员管理的通知》，提出坚决抵制违法失德人员、坚决反对唯流量论等八项要求。2023 年，中央宣传部等印发《关于组织开展 2023 年"全民国防教育月"活动的通知》，顺利营造全民参与国防教育的浓厚氛围，进一步强化广大干部群众的国防观念和忧患意识。同年，中央宣传部等部门部署开展 2023 年文化科技卫生"三下乡"活动，强调，要加强农村思想道德建设。除此之外，各级各地的宣传思想工作部门，也会针对自己的实际情况，开展具体的监管工作。如一些地方党委宣传部每年年初都会下发全年的宣传思想工作要点，协同各相关部门，对整年的工作进行部署。

（三）以抓典型促协同

典型具有二元性，既有正面典型，也有负面典型。在社会思潮网络引导过程中，宣传思想工作主管部门也要善于抓典型，以正面典型的行为、思想、品质、能力等激励引导者队伍成员，以负面典型的案例警醒引导者队伍成员，使之在学习正面典型、远离负面典型的过程中，实现协同。宣传思想工作主管部门要通过事迹报道、重点表彰或批评、情感渲染等方式，将正面典型人物和事件生动活泼呈现在人们面前，为各引导者树立榜样，提供努力的方向和学习的样本。进一步增强正面典型的影响力，使网络意见领袖成为

队伍中的一员，或者将优秀典型塑造成为具有一定影响力的网络意见领袖。例如，通过对华春莹等外交部发言人金句的宣传报道，使他们在网络上迅速圈粉，成为具有较大影响力的网络意见领袖，通过他们的网络发声，进一步扩大其网络意见领袖的正向引导作用，提高主流意识形态的吸引力，引导社会思潮走向。除了抓好正面典型，宣传思想工作主管部门还要注意发现负面典型，通过通报批评等方式，客观分析负面典型产生的原因，指出其行为的不当之处及可能产生的后果，以促进负面典型实现正面转化，同时警示其他艺人和粉丝群体规范自身行为。在资本裹挟下，泛娱乐化倾向进一步加剧，文娱领域出现"饭圈互撕""唯流量论"等乱象，一些明星艺人甚至逾越道德的底线和践踏法律的红线，对青少年价值观培养产生了负面影响。近几年，国家进一步加大了对娱乐圈的整顿力度，依法严惩具有失德失范、违法犯罪等行为的明星艺人，人民日报、央视新闻等媒体先后批评郑某偷税漏税事件、吴某某涉嫌强奸罪被逮捕等负面典型。2021 年 8 月 28 日，中央纪委国家监委官网发文《深度关注 | 流量明星"翻篇"了》，对当下的娱乐圈流量明星乱象进行了严厉批判。

二、发挥思想政治工作队伍的理论与实践引领作用

思想政治工作队伍和其他引导者之间的互动可分为理论与实践两个维度。一方面通过理论研究，加强对社会思潮网络引导矛盾、规律、特征等方面的分析与深度探讨，帮助其他引导者从本质上把握社会思潮网络引导。另一方面通过具体的社会服务和网络行为，在社会实践中影响和带动其他引导者。

（一）思想政治工作队伍为其他引导者提供理论支撑

社会思潮的发展和传播总是与一定理论紧密相关的，相关思想的理论家是社会思潮发源和传播的第一主体。通常都是由某理论的研究者提出某种理论，再通过传播吸引到更多的知识分子，进一步提高理论的影响力，最

终影响到广大人民群众，形成社会思潮。新时代，各种社会思潮激荡，究其原因，就在于发展过程中出现了不同的社会矛盾，不同的理论家面对问题开出不同的"药方"。坚持和发展中国特色社会主义，与时俱进地开展社会思潮的网络引导，需要加强理论研究，用发展着的理论指导发展着的实践。可见，理论研究是社会思潮引导的重中之重，思想政治工作队伍中拥有较多的知识分子，特别是高校思想政治工作队伍作为哲学社会科学工作队伍中的重要组成部分，承担起社会思潮理论研究的重任，为其他引导者认识社会思潮、引导社会思潮提供重要依据。

我国许多高校都设置了德育研究中心、思想政治教育研究所、社会思潮与思想政治教育研究所等机构，高校思想政治工作队伍在马克思主义思想的指导下，围绕社会主义前进方向，坚持"百花齐放、百家争鸣"的方针，推出了大量的学术成果。新形势下，特别是在网络社会中，社会思潮纷纭激荡，如何研究社会思潮和网络传播的本质与规律，巩固社会主义意识形态的指导地位，迫切需要发挥思想政治工作队伍的重要作用。"即使只是在一个单独的历史事例上发展唯物主义的观点，也是一项要求多年冷静钻研的科学工作，因为很明显，在这里只说空话是无济于事的，只有靠大量的、批判地审查过的、充分地掌握了的历史资料，才能解决这样的任务。"①思想政治工作队伍的理论研究，不能浅尝辄止、蜻蜓点水，而应该下苦功夫、花大力气。思想政治工作队伍在博学多才的基础上，研读经典著作，分析时事政治，不断融会贯通，掌握本质规律，坚持与时俱进，这样才能推动理论成果的中国化、时代化、大众化，提高社会思潮网络引导的吸引力、感染力、影响力和生命力。

（二）思想政治工作队伍为其他引导者提供模范引领

思想政治工作队伍拥有较高的社会地位和影响力，是广大人民群众社会实践中的标杆和榜样。思想政治工作队伍人员真懂、真信、真用马克思主

---

① 《马克思恩格斯选集》第2卷，人民出版社，1995，第9页。

义，自觉坚持以马克思主义为指导，把中国特色社会主义理论体系转化为清醒的理论自觉、坚定的政治信念、科学的思维方法，贯穿到工作生活的全过程和举手投足之间，才能使马克思主义"不失语""不失踪""不失声"。反之，如果思想政治工作队伍人员把社会主义意识形态边缘化、空泛化、标签化，言行不一，甚至公开反对社会主义意识形态，推崇并传播错误社会思潮，则会在社会中引起极大的负面效应。

社会服务是思想政治工作队伍发挥模范引领作用的重要方式。例如思想政治工作队伍走向社会，将知识传播给广大人民群众，使之能够运用这些知识解决生产生活实践中的问题，能够有效提高社会主义意识形态的吸引力和凝聚力。社会服务的具体方式包括专家服务、信息咨询、技术推广等。以高校思想政治工作队伍为例，随着党和国家越来越重视意识形态建设工作，越来越多高校思想政治工作队伍的教师走进政府部门、企事业单位和各基层组织，开展丰富多彩的理论宣讲和实践指导活动。例如，广西壮族自治区崇左市的"大榕树课堂"理论宣讲活动，邀请广西区内外高校的思想政治工作队伍专家学者，将党的最新理论知识、民俗文化知识、国家惠农利农政策等输送到农民群众中，迄今为止打造了 100 个示范点，先后开展数千次活动，对全区乃至全国产生较好的影响。除了社会服务之外，思想政治工作队伍的网络行为也是其发挥模范引领作用的有效途径。网络上不乏专家型网络大 V，他们和其他网络意见领袖的最大区别在于其专业性和权威性。许多网络意见领袖可能拥有不凡的见识和卓越的媒体运作能力，但不一定拥有扎实的理论基础、科学的思维模式等，经常发生"打脸"现象，他们对事实掌握不充分，倾向于用观点代替真相，用价值判断替代事实判断，用道德判断替代是非判断，误导了人民群众。而思想政治工作队伍中的专家型网络大 V，拥有较为扎实的理论基础，坚持实事求是，辩证客观地看待问题，善于运用网络话语表达方式形象生动地传播社会主义意识形态，旗帜鲜明地抵制错误社会思潮，可以起到很好的模范引领作用。

三、发挥主流媒体的融合作用

主流媒体作为社会思潮网络引导的扩散器，在与其他社会思潮网络引导者的互动中，应该充分发挥其融合作用。具体包括与其他引导者在方向、内容和形式上的全方位融合，以及主流媒体抢占先机为其他媒体提供信息源。

（一）主流媒体与其他引导者在方向、内容和形式上的融合

做好新形势下宣传思想工作，我国主流媒体必须自觉承担起举旗帜、聚民心、育新人、兴文化、展形象的使命任务，这些使命任务都与社会思潮的网络引导息息相关。虽然主流媒体总体上具有较好的发展态势，但不可否认的是，舆论生态、媒体格局、传播方式都在发生深刻变化，全媒体时代正在逐步消解、重构主流媒体的权威性。受众的流失、主体把关能力的缺失、内容吸引力的不足、方式方法创新能力的不足，给主流媒体带来巨大的挑战。在这种形势下，仅靠主流媒体一己之力，无法实现社会思潮网络的有效引导，只有在协同、融合、一体化发展的过程中，实现互动和共生，才能打造出一批具有强大影响力和竞争力的主流媒体。

有研究发现："互联网 80% 的新闻和信息流向集中在排名前 7% 的网站，大多数网站（67%）受互联网时代之前'遗留下来的'新闻组织控制。"[1]也就是说虽然受到各种新媒体的冲击，但传统的主流媒体还是发挥着主要作用，具有专业性、权威性、可信度，特别是在意识形态建设方面具有不可替代性。主流媒体的功能在于传递党的声音、引导社会舆论、引导价值取向和建设特色文化，具有导向作用、旗帜作用和引领作用。社会思潮网络引导是我国意识形态建设的重要组成部分，需要经由主流媒体将社会主义意识形态的内容和要求传播扩散出去，其他引导者也需要通过主流媒体去把握引导方向和目标。主流媒体的优势在于其信息的真实性、客观性、全面性和观

---

① 詹姆斯·柯兰、娜塔莉·芬顿、德斯·佛里德曼著，何道宽译《互联网的误读》，中国人民大学出版社，2014，第 19 页。

点鲜明性。在全程、全息、全员、全效的全媒体时代，人们对媒体的多样性需求不断增加，信息无处不在、无所不及、无人不用，许多新媒体、自媒体为了抓住人们的眼球，盲目追求流量，哗众取宠、混淆视听、低级趣味，使人们很难在纷杂的信息中明辨是非、区分真假。各种社会思潮也经由不同的媒体传播、运作、包装，以各类具有迷惑性的方式呈现在人民群众面前。在这种复杂的环境下，迫切需要主流媒体的引导，充分发挥主流媒体"守门人"的作用，凝聚媒体力量，维持良好的媒体生态，使人民群众紧紧团结在一起。

对比其他引导者，主流媒体面向广大人民群众，拥有与受众进行沟通交流的良好平台，能及时搜集到群众的意见并进行有效改进，因此主流媒体总是走在实践创新的前沿。一些党政机关在开展社会思潮网络引导中，缺乏互联网思维，坚持以自我为中心，采用传统的自上而下的灌输式引导方式，甚至采用行政手段进行强制引导，忽略了广大人民群众的感受和体验，方式方法陈旧，导致人民群众产生逆反心理。而一些新兴主流媒体异军突起的原因就在于其贴合了时代与人民的需求，在内容、形式、方法上都值得其他引导者学习与借鉴。例如，某新兴主流媒体高管总结企业互联网思维为"4 个关键词：用户至上，体验为王，免费的商业模式，颠覆式创新"，[1] 很好地概括了互联网时代新兴主流媒体的优势，正是提高社会思潮网络引导工作有效性的关键之处。特别是针对青年学生开展社会思潮网络引导时，高校思想政治工作队伍更应该借鉴成功主流媒体的实践经验，以学生为中心进行实践创新，提高社会思潮网络引导的吸引力与影响力。除此之外，网络意见领袖与主流媒体也构成了"我中有你，你中有我"的互动模式。网络意见领袖常常需要依托主流媒体开展社会思潮的网络引导，如开通新浪微博、腾讯微信公众号等。同时，主流媒体也需要通过转载、刊登、扩散网络意见领袖的观点，来吸引更多的受众关注，提高自身的影响力。

---

[1] 《360 董事长周鸿祎：互联网思维是常识的回忆》，http://www.xinhuanet.com/zgjx/2014-10/08/ c_133699315.htm，访问日期 2024 年 5 月 1 日。

（二）主流媒体抢占先机为其他媒体提供信息源

抢占先机是指主流媒体积极主动、及时有效发声，抢占引导的先机，使受众产生首因效应，让引导者的信息在受众头脑中占据主导地位。首因效应是人们在社会实践过程中产生的第一次印象对今后的社会实践活动带来的影响，这个第一印象往往是最鲜明、最牢固的，决定着今后社会实践活动的进程和走向。人们在认识世界和改造世界的过程中，常常依赖于第一印象，习惯于相信前面的信息，用前面的信息去解释后面的信息。网络时代，人民群众求新求快求异，如果主流媒体不能及时有效发声，就会使错误社会思潮和其他媒体有机可乘，就会让人民群众在等待中胡思乱想、肆意揣测，就有可能产生谣言。"如果公众不能在第一时间得到及时准确的消息，那么小道消息就会占上风，在难辨真假的情况下，那些带有强烈情绪性和煽动性的言论很容易干扰普通公众的判断。"[1]因此，在这些事件中，主流媒体要抢占先机、先声夺人，力争成为事件的消息源、定调者、定性者和主导者，成为主流媒体所追求的方向。但是，我们在开展社会思潮网络引导时，也不能过分追求时间的先后，不能为了抢占先机而胡编乱造、前后矛盾、敷衍群众，应该始终坚持"问题导向、内容为王"，保证话语的可信度和权威性。当尚未把握住主要矛盾，找出问题的根源时，为了抢占先机，引导者可着重阐述事情的经过，延迟报道事件的原因，但需要持续不断地发声，既让人民群众看到引导者的态度和观点，又能及时阻止谣言，但最终还需要本着解决问题的态度，还人民群众真相与原因，让人民群众心服口服。

抢占先机充分体现了主流媒体的主导性，能够为其他引导者提供信息源，从而协同其他引导者共同开展社会思潮的网络引导工作。在全媒体时代，"新新媒介的用户被赋予了真正的权力，而且是充分的权力，他们可选择生产和消费新新媒介的内容，而这些内容又是千百万其他新新媒介消费者→生产者提供的"[2]，媒体之间构成了一个互动传播的体系，这种体系同时存在于主流媒体和其他引导者之间。因此，主流媒体要"敢于亮剑"，学

---

[1]　蒲红果：《说什么 怎么说：网络舆论引导与舆情应对》，新华出版社，2013，第180页。

[2]　保罗·莱文森著，何道宽译《新新媒介》，复旦大学出版社，2013，第3页。

会主动出击，这包括旗帜鲜明地表达自己的立场、正面应对网络上的各种责难（问题）、主动揭露错误社会思潮的真实面目，以及科学设置网络议题引领网络动态等，从而为其他媒体提供信息源，保证社会思潮网络引导的走向。

四、发挥网络意见领袖的风向标作用

相对于其他引导者，网络意见领袖变动性大、可控性较差，因此，要想发挥网络意见领袖的作用，使之与其他队伍良性互动，对它的有效识别与积极凝聚是关键。首先是以有效识别的方式来辨别不同的网络意见领袖，其次再积极凝聚正向的网络意见领袖，从而不断增强社会思潮网络引导者的队伍力量。

（一）以有效识别网络意见领袖促互动

网络意见领袖拥有一定的知晓度、传播力、影响力和公信力，容易影响社会思潮传播与引导的走向，网络意见领袖在社会思潮网络引导中发挥着风向标作用。知晓度，就是网络意见领袖积极活跃在各类网络平台上，广大人民群众可以从不同的渠道听到他们的声音，知名度较高；传播力，就是发布的信息和观点符合网民的网络需求、接受能力和行为习惯，并且符合网络传播规律，易于转发、点赞、评论，传播度较高；影响力，主要取决于所传播信息和发表观点的质量方面，能够引起广大网民的共鸣，并影响他们的行为；公信力，就是网络意见领袖传播的信息和发表的观点准确、客观、全面，符合事实，经得起时间的推敲，可信度较高。网络意见领袖的这些特点，导致他们发表的信息和观点能够迅速引起数万人的跟帖或数十万的转发，在网络群体中引发群体效应。因此，网络意见领袖的政治觉悟、文化修养、网络素养等就显得尤为重要。如果网络意见领袖能够为我所用，与主流意识形态同向同行，那么就能有效促进社会思潮网络引导的顺利进行。但如果网络意见领袖成为错误社会思潮的传播者，则有可能引起围观、盲从、冲动、狂热、轻信等现象，导致错误社会思潮的迅速蔓延。所以，对网络意见领袖进行有效识别，确定哪些网络意见领袖能够为我所用，哪些网络意见领袖应该进行抵制与引导，是发挥网络意见领袖风向标作用的第一步。

确定网络意见领袖群体，陈芬等人提出了网络意见领袖识别模型，以微博为例，从影响力、活跃度、专业性、支持度、传播力五个维度去判断。根据模型，对网络上现有的活跃用户进行评估，结合大数据测算出用户的意见领袖值，值越高，说明其发挥的作用越大，越要引起我们的重视。[①]

在所有指标中，影响力是重要的指标，所占比例为 0.3171，主要包括用户的粉丝数、用户被 @ 数、发表信息的被转发数和被评论数。活跃度主要包括关注人数、原创微博数、回复他人数。活跃度是网络意见领袖的必要不充分条件，所占比例为 0.1086，也就是网络意见领袖必须是在网络上高度活跃的用户，能够通过网络平台积极关注社会百态，并与网友进行积极有效的互动。但高度活跃的用户不一定是网络意见领袖，也有可能是"靶子型、争议型、议题扩散型网络活跃用户"[②]。靶子型、争议型、议题扩散型网络活跃用户有足够的活跃度，但所发表话题和观点不能得到广大网友的认同，或者是由专门的网络水军操作而出的用户，对网民无法起到引领的作用，即缺乏关注度和认同度。专业性所占权重较高，为 0.2043，包括是否认证、行业性和媒介接触度。是否认证是指是否被新浪认证，即对其身份的肯定；行业性是指所发的信息被本领域同行进行评论和转发的数量；媒介接触度是指被其他加 V 用户转发、评论的程度。一个用户被官方认定为加 V 用户，且本领域同行认可的程度越高，媒介接触度高，就越能体现该用户的专业性、可信度和传播力。支持度也是评估网络意见领袖的重要指标，所占权重为 0.3171，是指用户所发信息中得到网友的支持程度，直接体现了用户信息的认可度，包括非常赞同、赞同、反对、非常反对四个方面。传播力包括依赖他人程度和

---

① 陈劳、陈佩帆、吴鹏、薛春香：《融合用户特征与多级文本倾向性分析的网络意见领袖识别》，《情报理论与实践》2018 年第 7 期。

② 王嘉：《思想政治教育视域下的网络意见领袖研究》，博士学位论文，大连理工大学，2013，第 60 页。

充当中介程度，所占权重为 0.0529。依赖他人程度是指用户传递信息需要依靠其他用户才能传递给受众的程度，依赖他人程度越低，说明用户的传播力越强。充当中介程度是指用户充当他人传递信息时中介的程度，充当中介程度越高，说明用户传播力越强。

（二）以积极凝聚网络意见领袖促互动

总体来说，随着我国意识形态建设工作的不断深入和网络信息工作的不断完善，我国网络意见领袖队伍大体上呈现积极向上的态势，但不乏出现一些负面的现象。所以，通过以上模式进行识别后，在网络意见领袖群体中，我们还要结合定性分析，对网络意见领袖群体进行分类，积极凝聚网络意见领袖。积极凝聚包括以下三层意思：第一是对正向网络意见领袖的凝聚，使之成为宣传思想工作队伍中的一员；第二是对中间地带网络意见领袖的密切关注，通过榜样示范、监督管理等方式，引导其充分发挥积极因素，抵制或者转化其消极因素；第三是对消极的网络意见领袖的坚决抵制，根据国家相关法律法规进行处罚，关闭其发挥网络引领的主要渠道，或责令其进行整改。积极凝聚网络意见领袖，以确保现有的网络意见领袖保持与主流意识形态的同向同行，最大限度地发挥其正面作用，抵制和消灭其负面作用，可通过以下方式进行。

一是加强对话合作。加强与他们之间的沟通与交流，让网络意见领袖全面地了解社会主义意识形态的深刻内涵，充当主流意识形态的宣传者，特别是在重大节庆日，或者一些突发事件和社会舆情爆发之际，要充分调动起网络意见领袖的作用，积极传播和扩散主流声音。例如，青年作家陈磊的微信公众号"混子曰"拥有 300 多万粉丝，点击数超过 3 亿，其在"混子曰"公众号和微博"二混子--Stone"中，用网民所喜爱的方式，对中国共产党历史、中国道路、党的领导、社会改革、民主问题、国际风云等问题进行了分析点评，资料丰富真实、逻辑严谨周密、行文风格时尚幽默、讲述方式通俗易懂，深受广大网民特别是青年大学生的喜爱。一些主流媒体和高校开展了与陈磊的对话合作，将线上的作品出版成漫画集，或在重大历史节点借由

"混子曰"发出主流声音。如在纪念"五四运动"之际，广东共青团就与陈磊合作，发布了"拯救历史老师之五四运动"，文章得到网民们的肯定，争相进行转载，使广大人民群众在轻松的氛围中掌握了"五四运动"的历史和中国共产党的发展史，成功进行了爱国主义教育。

　　二是积极转发和点评。宣传思想工作主管部门、主流媒体和高校思想政治工作队伍可积极转发或点评网络意见领袖的正能量信息，加强与他们之间的互动。如高校学生思想政治教育工作者应该充分调研，掌握在学生群体中影响较大的网络意见领袖，某一学科领域的专家学者等，在课堂内外引用他们的观点，充分发挥这些意见领袖的正向引导作用，或者积极学习和借鉴深受学生喜爱的网络意见领袖的表达方式，让自己成为学生身边的意见领袖。许多高校和主流媒体转发了"混子曰"公众号中"Stone小百科—今天，让我们重温解放军的历史""Stone历史剧——不一样的孔子""Stone历史剧——一口气读懂日本史"等系列漫画，在学生群众中引起了极大的反响。除了凝聚已有的网络意见领袖，我们也应该积极借鉴网络意见领袖的方式方法，加强对宣传思想工作主管部门、高校学生思想政治教育工作队伍、主流媒体中佼佼者的培训和引导，主动打造出一支"根正苗红"的网络意见领袖队伍。

第五章
社会思潮网络引导的原则

　　社会思潮网络引导的原则是社会思潮网络引导客观规律的体现，也是社会思潮网络引导的实践经验总结，是开展社会思潮网络引导的工作准则，起着导向和规范的作用。社会思潮网络引导的原则主要包括"一元主导、多元并存""以人为本、统筹兼顾"和"创新驱动、一体化发展"。

第一节　坚持"一元主导、多元并存"的原则

　　网络社会，主流意识形态和多元社会思潮长期并存、相互激荡，在继承和发扬"百花齐放、百家争鸣"方针的基础上，习近平总书记在二十大报告中进一步指出："牢牢掌握党对意识形态工作领导权，全面落实意识形态工作责任制，巩固壮大奋进新时代的主流思想舆论。健全用党的创新理论武装全党、教育人民、指导实践工作体系。深入实施马克思主义理论研究和建设工程，加快构建中国特色哲学社会科学学科体系、学术体系、话语体系，培育壮大哲学社会科学人才队伍。加强全媒体传播体系建设，塑造主流舆论新

格局。健全网络综合治理体系，推动形成良好网络生态。"① 要求我们立足于多元社会思潮并存这一现象，充分尊重人们的价值追求和利益取向，注重发挥社会主义意识形态的一元主导作用，最大限度地凝聚共识。

一、坚持社会主义意识形态的一元主导地位

在我国，社会主义意识形态是经过实践检验的符合我国人民根本利益和国家民族发展的积极的社会思潮，是主流社会思潮，是历史和人民的选择。中国特色社会主义实践的伟大成就，展示出社会主义意识形态的巨大价值，有力增强了社会主义意识形态的一元主导地位。面对网络社会的复杂多元，我们要进一步加强社会主义意识形态的一元主导地位。

（一）社会主义主流意识形态是我国社会思潮网络引导的旗帜

开展意识形态建设工作，最重要的就是要回答"举什么旗，走什么路"的问题。鸦片战争以来的中国近代史是遭受列强欺凌的屈辱史和中华民族不屈不挠的抗争史，封建地主阶级、农民阶级、民族资产阶级等对国家道路不断探索，最终都以失败告终。这些阶级学习的各种理论和思潮都没有对近代中国的主要矛盾进行科学分析，不能给中国社会指出科学的发展道路。中国共产党领导的无产阶级，在马克思主义思想的指导下，理论联系实际，引导中国人民走向民族复兴。历史和人民选择了马克思主义和中国共产党，证明了在中国必须高举中国特色社会主义的伟大旗帜，走中国特色社会主义道路。社会主义意识形态是中国共产党以马克思列宁主义、毛泽东思想为指导，结合中国实际形成的中国特色社会主义理论体系的具体体现，是反映无产阶级利益追求的政治、法律、道德、哲学、艺术、宗教等各种形式的思想观念体系。在这一意识形态的指导下，中国共产党带领中国人民结束了近百年的屈辱史，建立了中华人民共和国，走上中国特色社会主义道路，一步步

---

① 《习近平著作选读》第 1 卷，人民出版社，2023，第 36 页。

实现中华民族的伟大复兴。

社会主义意识形态是在与各种社会思潮的比较、鉴别和斗争中不断发展起来的，是经过实践检验的真理。毛泽东同志指出："马克思主义必须在斗争中才能发展，不但过去是这样，现在是这样，将来也必然还是这样。正确的东西总是在同错误的东西作斗争的过程中发展起来的。真的、善的、美的东西总是在同假的、恶的、丑的东西相比较而存在，相斗争而发展的。当某一种错误的东西被人类普遍地抛弃，某一种真理被人类普遍地接受的时候，更加新的真理又在同新的错误意见作斗争。这种斗争是永远不会完结的。这是真理发展的规律，当然也是马克思主义发展的规律。"[①] 纵观马克思主义的发展史，从清算激进青年黑格尔派，到反对蒲鲁东主义，再到清除巴枯宁主义，在与其他社会思潮进行不断地比较和批判中，最终走向成熟。改革开放以来，中国不乏出现民主社会主义、新自由主义、历史虚无主义、文化保守主义等思潮，特别是网络时代，各种社会思潮在网络这个主阵地、主战场上的斗争尤为激烈。中国共产党领导中国人民进行探索，不断比较、加以鉴别、展开斗争，中国特色社会主义理论体系得以不断完善。社会主义意识形态具有革命性、批判性和创造性，是马克思主义中国化、时代化、大众化的理论与实践成果，是我国开展社会思潮网络引导的旗帜。

（二）坚持社会主义意识形态的主导地位，是实现中华民族伟大复兴的重要保证

现阶段，我们比历史上任何时期都更接近实现中华民族伟大复兴的目标，要实现这一伟大梦想，离不开伟大斗争、伟大工程和伟大事业。前进的道路总是充满荆棘和坎坷的，在网络时代，意识形态斗争呈现出新的特点，隐蔽性、复杂性和危险性进一步增强。面对这些艰难险阻，必须要在中国共产党的领导下，强化社会主义意识形态的主导地位，凝聚全国各族人民的力量，坚持不懈地建设中国特色社会主义事业，实现中华民族的伟大复兴。

---

① 《毛泽东文集》第 7 卷，人民出版社，1999，第 230 页。

网络时代，资本主义国家加紧对我国开展意识形态渗透，企图对我国进行颜色革命，网络社会中存在着一些黑色和灰色地带。20世纪80年代，苏联受民主社会主义等社会思潮的影响，放弃了马克思主义的指导地位，社会主义意识形态逐渐被其他社会思潮所代替，最终导致东欧剧变、苏联解体。这一惨痛的历史教训进一步说明了维持社会主义意识形态主导地位的重要性。在网络上，境内外敌对势力插手意识形态斗争的情况越来越多，如美日等资本主义国家高薪雇用"网络特务"占领BBS专事反华调查、敌对势力对敢于亮剑者的党员干部等在网络上进行围攻、历史虚无主义者抹黑我国英雄和领袖、网络水军制造虚假网络民意误导有关部门、宗教活动全面渗透等问题层出不穷。这些问题背后的实质都是指向中国特色社会主义建设，最终目的都是为了撼动社会主义意识形态在我国的主导地位。

越是面对这些复杂的形势和艰巨的任务，就越需要我们保持清醒的头脑和强大的政治定力，研究马克思主义边缘化、空泛化、标签化等问题，实现"巩固拓展红色地带、转化争取灰色地带、压缩消灭黑色地带"的目标。但现阶段，我国部分社会思潮网络引导者的网络素养欠缺，陷入了"本领恐慌"，其中，对社会主义意识形态的理解、掌握与应用程度直接决定了其网络话语的引领力、导向力、驾驭力和防范力。因此，社会思潮的引导者要不断加强马克思主义理论的学习，提高网络话语的"供给力"，深入网民群体，掌握人民群众所思所想，运用科学理论回应各种错误思潮和理论，创新性开展工作，提高网络话语的"解释力"，使其"言之有物、言之有理、言之有味"，实现引导者网络话语与社会主义意识形态话语同向同行、同频共振。

二、在坚定"四个自信"中实现引导

社会思潮的网络传播在一定程度上动摇了人们对中国特色社会主义道路、理论、制度和文化的自信。面对网络上日趋多元复杂易变的社会思潮，我们要坚定"四个自信"，深刻认识"只有社会主义才能救中国、只有改革开放才能发展中国"这一真理，明确社会主义道路、理论、制度和文化给中国带来的巨大变化。只有这样，在面对纷繁复杂的社会思潮时，我们才能抵制住侵蚀，不被误导，不会动摇，才能始终清醒地运用马克思主义去评析多元社会思潮，保证社会主义意识形态的主导地位。

（一）在提高受众的道路自信中实现对社会思潮的网络引导

方向决定道路，道路决定命运。道路问题事关党和国家的前途命运，事关党的事业兴衰成败。一百年来，中国共产党带领人民不懈奋斗，探索并形成了符合中国实际的正确道路。党的百年奋斗历史证明，中国特色社会主义道路是实现中华民族伟大复兴的康庄大道。走好、走远中国特色社会主义道路要求坚定道路自信。道路自信体现在：对国家发展方向和未来命运的自信，对中国特色社会主义道路的自信。坚定道路自信，要求自觉抵制新民主主义、"普世价值观"等错误思潮的影响，要敢于对诋毁中国特色社会主义道路的错误言论展开斗争。

准确的认知是形成正确价值观念、开展正确社会实践的第一步，受众之所以受到一些错误社会思潮的影响，很大一部分原因在于对社会主义意识形态和其他多元社会思潮缺乏准确的认知。引导者要充分运用网络信息技术，通过多媒体方式还原历史真相，把社会思潮的网络引导置于中国近现代民族复兴的伟大进程中，从对中国近现代史的全面解读中反驳历史虚无主义，对改革开放的形象解读中辨析新自由主义，对中国社会主义建设过程中取得的伟大成就中阐释中国道路自信，引导受众自觉抵制错误社会思潮的误导。

（二）在提高受众的理论自信中实现对社会思潮的网络引导

理论是实践的指南，正确的理论能够为实践指明方向。"必须高度重视理论的作用，增强理论自信和战略定力。"重树理论自信是关乎民族复兴伟业的重大课题，有利于更好地回应"马克思主义过时论""社会主义失败论"等各种思潮，有利于增强人民对中国特色社会主义道路、理论、制度、文化的认同感。只有增强理论自信，才能在马克思主义的指导下，正确分析国内外的发展局势，不断化解各种矛盾、风险和挑战，确保国家发展道路不偏离正确方向。

网络为马克思主义时代化和大众化提供了全新的载体，枯燥的理论经过网络视频、网络音乐、网络文学、网络动漫的转化，变成了网络社会中形象生动的各类网络文化产品。如在纪念马克思 200 周年诞辰之际，网络上出现了一系列形象生动的作品，"图说马克思""马克思是个 90 后""马克思是对的""你好，马克思"等，这些作品结合网民的接受特点，将马克思主义形象化、生动化、大众化，大大提高了中国特色社会主义理论体系的吸引力和凝聚力。与此同时，全媒体时代，还要着重提升理论宣传的传播效果，积极利用微博、微信、抖音、快手等社交媒体平台，打造具有辨识度和影响力的宣传品牌，同时鼓励网络意见领袖参与宣传，扩大理论宣传的覆盖面和影响力。

（三）在提高受众制度自信中实现对社会思潮的网络引导

"制度优势是一个国家的最大优势，制度竞争是国家间最根本的竞争。"中国特色社会主义制度深深扎根于中华优秀传统文化，充分反映了人民群众的意愿和利益，并随着时代的变化不断创新和发展，展现出强大的生命力和巨大的优越性。实现中华民族伟大复兴，必然要求坚定中国特色社会主义制度自信。坚定的制度自信能够抵御不良社会思潮的侵袭，并在多样化社会思潮的跌宕起伏中站稳政治立场，为国家发展提供稳定的思想基础。

网络是社会舆论的集散地、发酵场和放大器，人民群众关注的社会热点在网络上形成的舆情是我们开展社会思潮网络引导的巨大挑战，也是良好的契机。应该充分运用网络舆情，讲好形势政策热点，发出主流声音，防止错误社会思潮运用舆情误导网民。要将我国治理体系和治理能力形象生动地展示在网友面前，用数据说话、用事实说话，实事求是地展示中国特色社会主义建设取得的伟大成就，展现中国特色社会主义制度的优越性，提高群众的制度自信。

（四）在提高受众的文化自信中实现对社会思潮的网络引导

文化自信是更基础、更广泛、更深厚的自信，是一个国家、一个民族发展中最基本、最深沉、最持久的力量。中华优秀传统文化是我们坚定文化自信的深厚基础，党带领人民在伟大斗争中孕育的革命文化和社会主义文化是我们坚定文化自信的坚强基石，中国特色社会主义伟大实践是我们坚定文化自信的现实基础。新征程上，我们要围绕建设社会主义文化强国的目标，不断推进文化自信自强，旗帜鲜明地反对历史虚无主义、文化虚无主义等错误思潮，为实现中华民族伟大复兴奠定文化基础。

引导者应该努力实现中华优秀传统文化元素的现代化转化，赋予传统文化以新形式和新表达。要顺应数字产业化和产业数字化发展趋势，运用人们喜闻乐见的话语表达方式，让优秀传统文化"动"起来、"活"起来，通过网络渠道实现中华优秀传统文化的创新发展，使受众特别是青年朋友们爱上中华优秀传统文化。如网络博主李子柒通过自己的视频，将中华优秀传统文化传播出去，收获了一大批粉丝，在国内外引起了较大影响。再如央视《中国诗词大会》节目运用现代人喜爱的方式传播中国诗歌文化，在网络上受到众多网友的喜爱。文化自信同时应该在辨析多元社会思潮时，充分吸收其他社会思潮的积极因素，为我所用，充盈社会主义文化，并以有利于生产力的解放和发展、有利于社会的进步、有利于促进人的全面发展为标准，不断发展面向未来的社会主义先进文化，提高文化的创新力、解释力和吸引力。

三、在扬弃发展中凝聚共识

面对网络上的多元社会思潮，我们要学会用马克思主义的阶级分析法、辩证唯物法和历史唯物主义观点去评析，辩证看待各种社会思潮，既要研究社会思潮的发展与传播，取其精华去其糟粕，又要从根本上坚持并发展主流意识形态的主导地位，使人民群众的思想意识和价值追求与主流意识形态保持同向同行、同频共振。社会思潮的网络引导就是在这种不断冲击、碰撞、交流和融合中，扬长避短，最终凝聚共识，共同朝着有利于中国特色社会主义建设的方向发展。

（一）辩证看待多元社会思潮，实现扬弃发展

社会思潮的形成和发展有一定理论基础，专家学者是社会思潮的主要引领者，因此，相对于其他意识形态工作，社会思潮的引导工作具有较强的学术性。对待学术问题，毛泽东同志曾提出过"双百"方针："艺术问题上的百花齐放，学术问题上的百家争鸣，我看应该成为我们的方针。"[①] 目的是进一步促进社会主义文化的繁荣发展，使真理越辩越明，这一方针极大地调动了学术界的积极性，促进了学术界解放思想。但"双百"方针是建立在承认社会主义制度的基础上进行的科学研究方法，并不等同于自由主义，并不意味着在任何问题上，特别是道路问题、指导思想问题和基本方针等大是大非问题上都支持自由发展，更不允许一些人打着学术的名义实现政治目的，企图否定中国特色社会主义制度和中国共产党的领导。因此，针对不同社会思潮的观点和影响，邓小平同志在"双百"方针的基础上，提出了"不争论"："不搞争论，是我的一个发明。不争论，是为了争取时间干。一争论就复杂了，把时间都争掉了，什么也干不成。不争论，大胆地试，大胆地闯。农村改革是如此，城市改革也应如此。"[②] 同时，邓小平同志还指出："有些人把'双百'方针理解为鸣放绝对自由，甚至只让错误的东西放，不让马克思主义争。这还叫什么百家争鸣？这就把'双百'方针这个无产阶级的马克思主义的方针，歪曲为资产阶级的自由主义的方针了。"[③] 可见，"双百"方针和"不争论"一脉相承，本质上是一致的，其前提是建立在坚持四项基本原则基础之上，在科学研究和学术探讨上支持"双百"方针，"不能把学术问题政治化、扣帽子、打棍子，也要警惕借'学术'之名攻击社会主义制度、反对党的领导"[④]，在道路问题和政治问题等大是大非面前，要坚决维护马克思

---

① 《毛泽东文集》第 7 卷，人民出版社，1999，第 54 页。
② 《邓小平文选》第 3 卷，人民出版社，1993，第 374 页。
③ 《邓小平文选》第 3 卷，人民出版社，1993，第 47 页。
④ 戴立兴：《科学引领社会思潮必须正确处理六个关系》，《红旗文稿》2015 年第 10 期。

主义在意识形态领域的指导地位。

在开展社会思潮网络引导过程中，需要我们不忘本来、吸收外来、面向未来，在扬弃中发展我国主流意识形态。不忘本来，就是要辩证看待中华文化，深刻把握中华文明的突出特性，即连续性、创新性、统一性、包容性、和平性，继承和弘扬中华优秀传统文化。中华优秀传统文化是中华文明的智慧结晶和精华所在，是中华民族的根与魂。中国共产党既是中国先进文化的积极引领者和践行者，又是中华优秀传统文化的忠实传承者和弘扬者。但在历史长河中，也存在一些封建糟粕和落后思想，我们要坚持马克思主义的立场观点方法，坚持古为今用、推陈出新，有鉴别地加以对待，有扬弃地予以继承。把握了这一规律，我们可以很清楚地看出文化保守主义等思潮的漏洞。以大陆新儒家为代表的文化保守主义打着"复兴中华文化"的旗号，在其"国学热"浪潮的推动下，主张"返本"和崇儒反马，其中不乏推崇封建官僚主义、等级观念、迷信活动等，近几年来更是借助网络载体通过影视娱乐等作品不断呈现。对此，我们应该开展积极有效的引导，使之扬长避短；吸收和借鉴其他社会思潮的有益之处，在此基础上进行创新和发展。社会思潮之所以能够形成和发展，是因为其主张和观点在一定程度上顺应了某些历史潮流，能够满足受众的需求，引起受众的共鸣。可见，一些社会思潮在某个历史阶段是具有一定进步意义的，或其传播方法是值得借鉴的，因此，我们在开展研究时，不可一味地否定和排斥，应该辩证看待，理性借鉴，面向未来（面向社会发展方向，顺应历史潮流）。要科学预测人民群众的需求和发展特征，使工作具有前沿性，要根据网络社会发展规律，以人文性指导科技性，以科技性带动人文性，抛弃一些过时的理论和方法，实现引导过程的创新发展。同时既要适应中国发展趋势，也要兼顾全球命运共同体，使工作具有家国情怀和人类关怀。

（二）不断加强社会主义意识形态的凝聚力和引领力

要想实现对多元社会思潮的有效引导，需要不断加强社会主义意识形态的凝聚力和引领力，否则在网络社会的冲击下，各种社会思潮就如同一盘散沙，造成混乱，极大地消解主流意识形态建设，不利于国家的发展、社会的稳定以及个人的发展。面对网络的日新月异，如何适应科学技术的发展和网民的心理与行为特征，是新时代加强社会主义意识形态凝聚力和引领力的关键课题。

要加强哲学社会科学建设。加强马克思主义理论教育，在促进马克思主义中国化、时代化、大众化的过程中提高马克思主义的解释力和指导力。要构建具有中国特色的哲学社会科学体系，为社会主义意识形态提供充足的理论支撑。要加强习近平新时代中国特色社会主义思想的教育，筑牢全党全社会的思想根基，坚定不移用先进的思想旗帜指引前进方向。要加大社会科学面向社会、面向群众的问题导向，加大理论工作者把研究社会思潮走向、研究新时代重大理论和实践问题作为重点方向，进一步提高中国特色社会主义理论体系解读中国实践、回应社会现实的解释力和说服力。

要做好新闻舆论引导工作，正确处理科学和技术的关系，解决社会主义意识形态如何凝聚、怎样引领的问题。运用网络技术，加快推动媒体融合发展，构建全媒体传播格局，为社会主义意识形态构建良好的舆论环境。要加强社会主义意识形态的传播手段和话语方式，多采用群众喜闻乐见的新媒体方式开展，提高正面宣传的吸引力和有效性。在事关国家安全、道路问题和大是大非问题上，要敢于在舆论场上与之斗争，正如《共产党宣言》中所说的"共产党人不屑于隐瞒自己的观点和意图"，[①]"现在是共产党人向全世界公开说明自己的观点、自己的目的、自己的意图并且拿党自己的宣言来反驳关于共产主义幽灵的神话的时候了"[②]。应该在与错误社会思潮的斗争中，使真理越辩越明，彰显社会主义意识形态的真理性，从而凝聚共识。网络中掀起"民国风"，美化中华民国的现象曾引起网友们的热议，而相关的引导者就是在辨析过程中，凝聚起社会的共识。

---

① 《马克思恩格斯文集》第 2 卷，人民出版社，2009，第 66 页。
② 《马克思恩格斯文集》第 2 卷，人民出版社，2009，第 30 页。

案例 1　别傻了！民国真实的"军阀姨太太"究竟是啥境遇①

近期，"军阀姨太太"的梗在网络热传，引发众多网友效仿。在此类视频中，很多女孩身着旗袍，伴着动感音乐，摆出各种造型，声称自己要当"军阀姨太太"。部分网友认为争当姨太太与"男女平等"追求背道而驰，但也有个别网络大 V 称，"谁不想当狐狸精姨太太？谁不想当祸国红颜？谁不想当美艳女特务？"

然而，历史上"军阀姨太太"并非如此。中华民国时期，军阀中妻妾成群者不在少数，如袁世凯就有 9 个姨太太。大多数"军阀姨太太"出身贫苦，有的是被军阀抢掠而来，有的是被人口买卖购得，有的以前是侍女，有的以前是失足妇女。军阀手握重兵，往往无视法律道德。如四川军阀杨森，其姨太太有的被抛弃孤独终老，有的被殴打至精神失常，有的因有其他恋情而惨遭杀害……有的军阀还把姨太太当做礼物赠送给下属。另外，军阀姨太太普遍比军阀年轻很多，但军阀去世后，姨太太再婚却遭到很大非议。

"军阀姨太太"乱象源于中华民国法律默许。1912 年，《中华民国临时约法》中明文规定中国实行一夫一妻制。但随后，北洋政府颁布了《民国民律草案》，法律条文中虽没有出现妾的字样，但有"嫡子""庶子"的法律规定，这意味着默认了妾制存在的合法性，默许了妾的继续存在。这也就导致了掌握更多社会资源的男性有了近乎不加限制的纳妾自由，对女性权益和社会公平造成了严重破坏。

中国共产党高度重视妇女解放运动。首先是帮助上海颇具影响的中华女界联合会于 1921 年 8 月进行改组，并在党的机关刊物《新青年》9 卷 5 号上刊登了中华女界联合会的改造宣言及章程。其次，1922 年党的二大审议通过了《关于妇女运动的决议》，在中国妇女运动历史上，这是第一个以政党的名义通过的关于妇女运动的决议，标志着中国妇女运

---

① 案例改编自人民日报微信公众号 2019 年 7 月 21 日一文《别傻了！民国真实的"军阀姨太太"究竟是啥境遇》。

动进入了一个新的历史阶段。共产党领导的人民军队在男女关系上也格外严格，黄克功等人就因生活作风问题受到严厉处分和惩罚。

这篇文章在网络上引发了热议，大多数网友支持人民日报的观点，但有少部分网友认为只是跟风行为无可厚非，网民分成两派进行辨析。表面上这是针对模仿风潮开展的讨论，实质上，是历史虚无主义思潮在网络上的传播。在案例中，人民日报作为引导者，在网络平台上采取了发布微信公众号的形式与网友辨析，在辨析中让真理越辩越明。人民日报针对网友向往的中华民国姨太太角色进行历史剖析，如网友表示"谁不想当狐狸精姨太太"，人民日报采用还原历史真相的方式，讲清楚军阀姨太太乱象时期姨太太所处背景和生活环境，有力反击网友脱离历史背景下的幻想。同时，人民日报还列举了中华民国法律问题，一针见血地指出"军阀姨太太乱象"的根本是源于中华民国法律的默许，对女性权益和社会公平造成了严重的破坏。最后针对妇女解放，列举了中国共产党做出的推动和努力，显示了中国共产党对妇女运动、妇女权益、妇女解放的高度重视。随后，通过网友在各大平台的转发评论，引发更多的网民参与到辨析中。从而在交互对话中，让真理越辩越明，凝聚网友们的共识，实现对历史虚无主义思潮的有效引导。

第二节　坚持"以人为本、统筹兼顾"的原则

社会思潮网络的引导最终是为了实现对人的引导，使受众认同并践行社会主义意识形态，朝着有利于社会主义建设的方向发展。同时，引导者和受众作为主体存在，也是引导过程中的关键因素。因此，只有坚持"以人为本、统筹兼顾"的原则，从人的本质和需求出发，有的放矢地开展引导，兼顾现实性和虚拟性，并统筹引导者和受众的利益，形成共识，才能有效开展社会思潮的网络引导工作。

一、结合受众的心理特征和行为方式

受众对一定社会思潮的认知、认同与践行的过程，是建立在一定心理特征和行为方式基础上的，因此，开展社会思潮，要从网民出发，遵循其内在规律，在社会思潮网络引导过程中把握好时度效，讲究方式方法。马克思主义认为："'思想'一旦离开'利益'，就一定会使自己出丑。"[1]人的行为总是与自身利益为出发点，需求作为人类生存发展的内在驱动力，不断驱使着人类使用劳动工具实现自我需求，紧接着产生更高层次的需求，并努力满足自我的需求，呈现出"需求—心理紧张—动机—行为—目标满足需求、消除紧张—新的需求"模式的阶梯式上升，推动个人及社会的发展，这是人类需求的发展规律，同样也是受众在网络上心理特征和行为方式的根源。

结合受众的心理特征和行为模式，需要我们深入研究受众的需求，结合时代性有的放矢地开展引导工作。在网络社会中，人们的网络需求在不断发展，20世纪末，中国人对网络的需求大多数停留在查阅资料、邮件往来、信息保存等，随着生产力的发展和信息技术的进步，人们的网络需求也逐步发展成为休闲娱乐、生活服务、学习教育等各类需求的综合体，是日益增长的美好生活需要在网络社会的体现。如果网络载体达到了受众的期望值，使其需求得到了满足，那么就会得到受众的认可，实现良性互动，反之，则会减弱受众的网络行为，即使通过行政手段强制要求受众参与，也终将沦为"僵尸账户"，并会引起受众的反感，适得其反。而这种反感会在一定程度上加重受众对自身原有需求的渴望，这时，如果其他错误社会思潮的引导者满足了受众的需求，就会将受众吸引到他们的阵营中。

结合受众的心理特征和行为模式，需要我们实现物质需求和精神需求的统一。社会思潮网络引导工作属于意识形态建设工作，是人们对价值、信仰、国家道路、民族未来等上层建筑的思考，属于精神需求，一定程度上不能直接带来利益。相比较而言，人们对物质需求的追求更为普遍和迫切，会

---

[1]《马克思恩格斯全集》第1卷，人民出版社，2009，第286页。

积极主动地去寻求满足，而价值追求则显得较为被动，需要不断地刺激和引导，以调动人们的主观能动性，产生动机和行为。因此在引导过程中，引导者不能脱离物质谈精神，一味地呈现高大上的内容和目标，应该紧密贴近人民群众日常生活中的柴米油盐酱醋茶，以小见大、循序渐进地开展引导。江泽民曾指出："宣传工作的宗旨说到底就是要启发、引导人民群众认识自己的根本利益和长远利益，在党的领导下，团结起来，组织起来，为实现和发展自己的利益而奋斗。"[①] 因此，社会思潮网络引导者还可以创造刺激因子，激励受众产生动机与行为，在满足网民现有需求的基础上，引导网民产生正确、先进的网络需求，保证网络空间积极向上、风清气正。

结合受众的心理特征和行为模式，需要我们努力促进网友与引导者实现情感共鸣。社会思潮网络引导过程中，应该通过网络渠道，使受众对引导者及其实践活动、对主流意识形态产生情感共鸣，内化并接受主流意识形态。"没有'人的感情'，就从来没有也不可能有人对于真理的追求"[②]，情感共鸣有助于受众信任引导者，认同、接纳主流意识形态，促进受众对主流意识形态的内化和升华，在社会思潮网络引导过程中起着"催化剂"和"粘合剂"的作用。受众对引导者产生情感共鸣，首先主要取决于引导者对受众的充分尊重和爱护，能够在整个引导过程中构建起主体间性模式，充分发挥受众的积极性和创造性。其次是依靠引导者个人的品德修养和魅力，一个德高望重的人具有较强的权威性。再者还需要引导者具有强大的感染力，"如果你想感化别人，那你就必须是一个实际上能鼓舞和推动别人前进的人"[③]，引导者要从内心接纳主流意识形态，并在实际行动中发挥示范作用，积极践行主流意识形态，真学、真信、真用，才能具有强大的感染力。受众对主流意识形态产生情感共鸣，则在一定程度上依托于主流意识形态对个人生活的积极作用。因此，形成情感共鸣要和满足利益需求紧密结合起来，当社会思潮的

---

① 江泽民：《宣传思想战线是我们党的一条极其重要的战线——江泽民同志在全国宣传部长座谈会上的讲话（1993 年 1 月 15 日）》，《党建》1993 年第 3 期。

② 《列宁全集》第 25 卷，人民出版社，1988，第 117 页。

③ 《马克思恩格斯文集》第 1 卷，人民出版社，2009，第 247 页。

网络引导给受众带来真实的帮助，给受众留下愉快、舒适、兴奋的情感体验时，认识能够有效转变成真正的信念。

二、统筹网络的虚拟性和现实性

"网络世界的主体既有虚拟性也有现实性，网络世界的客体既有虚拟性也有现实性，作为技术世界、社会世界和文化世界的网络世界也都具有虚拟性也有现实性"[①]，网络世界就是在虚实结合中展现出其独特魅力。网络的虚拟性和现实性两者对立统一，相互依存且在一定条件下相互转换。社会思潮的网络引导要求引导者在遵循网络虚实二重性的基础上，透过现象看本质，厘清网络虚拟性和现实性之间的区别和联系，把握根本矛盾，在虚实之间找到问题的根源，有的放矢地开展引导工作。

相对于线下的社会实践活动，社会思潮的网络引导活动需要紧密依赖网络符号进行，传递相应的信息。受众与信息符号之间呈现出"接收信息—发挥联想—具体化信息"的具象化过程，在这个过程中，网络的虚拟性就得到了极大的凸显，既体现在引导者传递信息的过程，也体现在受众的主观能动性中。例如，受众在发挥联想的过程中就容易带有大量的主观因素，一千个人中有一千个哈姆雷特，网民对信息的接受和理解也就呈现多样化，甚至异化。同时，在网络空间中，现实生活中的姓名、性别、身份等社会关系要素被暂时隐蔽起来，形成了一个有别于现实社会的异质空间。网络对现实的异化、替代过程有可能造成信息的失真，使网络蒙上了一层神秘的面纱，真假难辨。

但是，网络空间并不是乌托邦，它仍与现实社会有着紧密的联系。美国学者克里斯托夫·霍洛克斯认为虚拟和现实之间存在着四种模式，即虚拟对现实的复制、虚拟被现实同化、虚拟对现实的异化和虚拟对现实的替代。在这四种模式中，可知网络世界的虚拟性皆来源于现实，总能在现实中找到根

---

① 张再兴等著《网络思想政治教育研究》，经济科学出版社，2009，第83页。

源，两者之间有千丝万缕的联系。人们的网络行为往往能够在现实中找到根源。例如人们的网络需求，往往源于现实需求无法得到满足，从而延伸到网络，或者在网络中出现异化。西方一些资本主义国家在网络上推行"普世价值观"，认为中国现阶段缺乏民主、自由和人权，一些群众之所以受其影响，与其在现实生活中某些需求得不到满足相关。部分群众由于在现实生活中的权益受到侵犯且苦无对策，转而借由网络渠道进行倾诉和寻求帮助，而"普世价值观"思潮的倡导者正是结合这些群众的现实需求进行煽动。因此，社会思潮网络引导者要透过现象看本质，从现实中去寻找人们网络需求、网络行为的根源，再从现实出发，在全心全意为人民服务的过程中解决矛盾，有效阻止矛盾在网络上的蔓延与发酵。

近年来，境外间谍情报机关对我国各领域的渗透、窃密活动愈加猖獗，网络上有这么一群特殊的群体，即"网络特务"，这群人是由一些资本主义国家出资雇佣的、专门在网络上发布有损于党和国家言论的人群。他们利用网络的虚拟性与网络的渗透性，对我国发起"认知战"，长期发表抹黑我国我党、鼓吹西方优越性的"毒文"，打击中国人的爱国热情、诋毁中国取得的任何成绩、大肆散布谣言和宣扬坏消息、玷污中国的英雄人物和领导人……如"回形针"科技公司打着科普的幌子，屡次恶毒污蔑攻击中国。而这一群人也在一定程度上成为错误社会思潮的推手。认真研究网络上的这些信息，我们不难发现它们经不起推敲，违背了事实，是对现实的丑化，并未遵循实事求是的原则，在现实中找不到根源。因此，在开展社会思潮网络引导过程中，引导者不仅自己要擦亮眼睛，也要敢抓敢管，警惕隐匿在虚拟网络中的网络间谍，及时用马克思主义的立场、观点、方法有力澄清，从虚拟性和现实性统筹的角度出发，增强全民国家安全素养，引导人民群众辨别真伪，动员、组织人民防范、制止危害国家安全的行为。

网络现实性与虚拟性之间还可以相互补充和融合，有些在现实中无法做到的事情在虚拟世界中可以得以实现，这也是网络虚拟性的吸引力之一。因此，社会思潮的网络引导者，要充分运用网络的虚拟性合理开展引导工作，顺势而为，为我所用。如可打破线下圈层，构建网络圈层，在虚拟性中实现与受众更好的交流互动。现实社会中，由于受身份、地位、职业等影响，人们之间的沟通交流缺乏自由平等的良好环境，而网络的虚拟性使每一个人在网络空间中相对平等与自由。引导者应该在网络中贯彻群众路线，努力使自己与受众处在同一网络圈层，与群众打成一片，建立起良好的互动关系。这种关系具有目的性、双向互动性和情感性。引导者和受众之间存在主体互动性，两者关系平等，相互影响、相互促进，但在这种过程中，引导者要努力保持其主导地位。引导者要通过网络了解受众的所思所想，经常上上网、潜潜水、聊聊天，取得受众的信任，创造轻松、愉快、信任、温暖的网络互动氛围，确保引导者的话语能够引起受众的共鸣，加深受众的情感体现、思想认识和实践认识。同时，人们在现实生活中的认同感、归属感、信念感在网络上仍然有着重要的凝聚作用，应该充分发挥这些积极因素，促进人们更好地融合现实空间和网络空间，实现相互补充与促进。

三、促进引导者与受众的共同发展

在社会思潮网络引导过程中，不仅要充分尊重受众的地位与需求，也要统筹兼顾引导者的地位与需求，寻找到两者的契合点，促进良性互动，努力实现双赢。在引导过程中，引导者和受众都是主体，都需要激发其主观能动性，片面地强调受众，而忽略了引导者，无法保证引导者有效开展工作。

从需求出发，兼顾引导者的个人需求与组织需求，激发引导者的工作积极性。引导者的需求主要可以分为两大类。一类是引导者作为组织中的一员存在时，主要的需求在于完成党和国家意识形态建设的相关任务，营造风清气正的网络空间，确保网络意识形态安全。一类是引导者作为个人存在时，其具有集体属性和个体属性，集体属性的需求与第一类相同，个人属性是在集体属性的基础上拓展出个人的需求，如感知体验的需要、成就和控制的需要、归属的需要、人际交往的需要，自我实现和自我超越的需要等。个人处在集体中时，集体身份应是第一位，个人身份第二位。个人开展网络行为时，个人身份要服从集体身份，但这并不意味着完全抛弃个性，采用统一划一的工作方式，发布千篇一律的工作内容。恰恰相反，引导者努力追求的正是在确保集体利益、满足集体需求的前提下，充分发挥个人的主观能动性，使工作方式贴近个人、形象生动并充满温度，形成个人的引导风格，影响和带动一大批网友。要实现这一目标，需要引导者善于总结和发挥自身的长处，对主流意识形态"真学、真信、真用"，促进个人对主流意识形态实现"知情意行"转化的全过程，并进一步结合网络信息的传播规律，提高引导工作的话语供给力、解释力和吸引力。同时，主管部门应该充分考虑引导者的个人生活、兴趣、工作、特点，将社会思潮网络引导工作与引导者的个人成长紧密结合起来，营造良好的工作氛围，为其提供必要的学习成长平台，创造立体交互式的人才管理机制，用精、用好、用活这支队伍，使这支队伍充满生命力和战斗力。

努力促进引导者和受众需求的统一，实现双赢。马克思认为："（1）每个人只有作为另一个人的手段才能达到自己的目的；（2）每个人只有作为自我目的（自为的存在）才能成为另一个人的手段（为他的存在）；（3）每个人是手段同时又是目的，而且只能成为手段才能达到自己的目的，只有把自己当做自我目的才能成为手段。"[①] 因此，引导过程中引导者和受众需求的统一，是开展工作的必要条件，是实现"各美其美，美人之美，美美与共"的必经之路。一些引导者只是把网络当成一种工具，根据自己的需求进行运用，但不考虑受众的需求，将一些信息进行简单的堆积，导致信息千篇一律，给受众带来选择困难与视觉疲劳，也造成了"给予非所求"和"所求未给予"的现象。但网络不只是一种工具，更成为现代社会的一种社会形态，是人们生活中不可或缺的一部分。因此，各多元主体在网络社会中要进行分工协作，找到共同的需求点，构建良好的网络圈层，扩大主流意识形态的影响范围。寻找并满足双方共同的需求点有助于实现引导工作的共情，从而产生积极的情感体验。情感是人对客观事物是否满足自己的需要而产生的态度体验，当社会思潮网络引导与主体内在的归属与需求相符合时，则会形成积

---

① 《马克思恩格斯全集》第46卷上，人民出版社，1995，第196页。

极的情感体验，反之，则容易形成消极的情感体验，不利于社会思潮网络引导工作的进行。可见，遵循双向需求律，实现美美与共，才能使社会思潮网络引导工作得到良性和长足的发展。

第三节　坚持"创新驱动、一体化发展"的原则

随着信息技术的迅猛发展，"全媒体不断发展，出现了全程媒体、全息媒体、全员媒体、全效媒体，信息无处不在、无所不及、无人不用，导致舆论生态、媒体格局、传播方式发生深刻变化，新闻舆论工作面临新的挑战"①。在这种情况下，开展社会思潮网络引导，要因势而谋、应势而动、顺势而为，坚持"创新驱动、一体化发展"的原则，构建同心圆，使主流意识形态具有更加强大的传播力、引导力、影响力和公信力。

一、结合信息技术发展方向

结合信息技术的发展方向，要始终注重信息技术的创新发展，以技术安全确保意识形态安全，以技术创新驱动政治、经济、文化创新，促进社会思潮的网络引导。马克思指出，"劳动生产力是随着科学和技术的不断进步而不断发展的"②，科学技术是第一生产力，是影响人类发展进程的革命性力量。人类社会经过第一次科技革命进入了蒸汽时代，经过第二次科技革命进入电气时代，经过第三次科技革命进入信息时代。信息技术成为这个时代的命脉，谁掌握了先进的信息技术谁就掌握了主动权，"技术创新的能力将决定我们在下个世纪之命运，这又完全取决于我们如何能创造性地使用信息

---

① 《习近平在中共中央政治局第十二次集体学习时强调 推动媒体融合向纵深发展 巩固全党全国人民共同思想基础》，《人民日报》2019年1月26日第1版。
② 《资本论》第1卷，人民出版社，1975，第53页。

与传播技术"①。随着5G、人工智能等技术的不断推进，我国信息技术革命将在第四次工业革命的浪潮之下进入一个新的阶段。如何把握住机遇，找准发力点进行技术创新、平台创新和内容创新，成为社会思潮网络引导的关键之处。

网络是技术性和人文性的统一，要以"互联网为渠、智能技术为媒"引导社会思潮，以技术变革带动理念创新，更好地适应受众的接受方式，实现引导工作的分众化、差异化和深度化。要充分利用信息技术的快速发展，促进社会思潮有序传播。随着云计算、人工智能、大数据、区块链、物联网等信息技术的快速发展和广泛应用，人类正快步从"信息时代"迈入人机协同、跨界融合"智能时代"。信息技术打破了传统信息传播的地域和时间限制，使得各种社会思潮能够跨越国界实现广泛而快速的传播。当前，"错误社会思潮耦合智能技术进行隐蔽渗透、新兴智能技术的不确定性等挑战直接导致网络意识形态领域的潜在风险不断暴露"。②部分西方国家利用技术优势，推动社会不良思潮在各大网络平台中以隐匿方式传播扩散，潜移默化侵蚀着人们的思想。信息技术是一把双刃剑，我们既要关注智能技术带来的不确定性风险，也要充分利用智能技术对社会思潮加以引导。如利用智能分析技术，剔除和屏蔽网络舆论中的错误倾向和不良思潮，同时通过智能推荐系统，加大对积极的社会思潮的传播力度，引导用户接触并接受正面的社会思潮。

结合信息技术的发展方向，要把握移动优先的发展态势，结合各类 APP 开展社会思潮的网络引导。随着 4G、5G 的推广和手机的普及，以及"两微一端"为代表的新媒体的广泛使用，现阶段信息技术的发展方向呈现出移动优先的态势，移动互联网已经成为信息传播的主渠道。各种社会热点、舆情、民心民意都来源于移动互联网，因此越来越多的媒体开始推进移动优先

---

① 曼纽尔·卡斯特著，夏铸九、王志弘译《网络社会的崛起》，社会科学文献出版社，2003，第6页。
② 洪晓楠、刘媛媛：《人工智能时代网络意识形态安全建设的发展契机、潜在风险与调适进路》，《思想教育研究》2022 年第 10 期。

战略。社会思潮的网络引导主要依托互联网开展，同样也需推进移动优先战略，即引导者第一时间通过各类手机 APP 进行信息的发布，并时刻关注这类平台的动向，进行干预和引导。我国手机网民占全体网民比例超过 99.9%，已经形成了"终端随人走、信息围人转"的新型媒体态势。以"两微一端"为代表的移动互联网产品由于门槛低、应用广、推送准、容量大、方式多等优势，广受人民群众的喜爱。但同时也存在着一些问题，如内容雷同化，一些组织和机构为了抢占受众资源，复制粘贴热点信息，导致信息重复，一些媒体为了赢得时机，将并未进行深思熟虑的信息进行发布，肤浅表达或者信息前后矛盾。因此，这里所说的"优先"并不是单纯意义上的时间先后，而应该是在追求速度的同时，注重特色、品质和策略，从而形成内容丰富、平台多元、覆盖广泛的移动传播矩阵。在这个过程中关键是要强化用户意识，即要结合"一元主导、多元并存""以人为本、统筹兼顾"的原则，优化用户的使用体验，在实现精准有效推送的同时扩大圈层，吸引到更多的用户。

但是，在社会思潮网络引导过程中，要杜绝出现"唯技术论"和"唯数据论"，杜绝过分强调网络的技术性而忽略了网络的人文性，杜绝只看数据而不进行人文分析。忽略了人文性只会使社会思潮网络引导进入另一个误区。因为数据是可以造假的，一些新自由主义思潮的传播者正是运用网络的这一特点，制造虚假的经济发展数据和民生数据并误导人民群众，使之对社会主义产生误解。不仅在民生，娱乐圈也存在着网络"唯数据论"现象，不需要作品，只需要数据和流量就可以成为明星，这些充满泡沫的数据可以带来巨大的商业利益，甚至导致粉丝之间的"大打出手"，一定程度上助长了消费主义、享乐主义、个人主义、民粹主义在网络上的传播，给社会思潮的引导工作带来一定的挑战。在这些网络圈"唯流量论"和"数据拜物教"的推动下，资本方敏锐捕捉受众的需求，利用多元化的元素触动、吸引、取悦受众，精准生产和推送符合个体偏好的偶像和文化产品，进一步刺激欲望和消费，使受众深陷其中，从而实现资本在综艺娱乐、网络直播、粉丝经济等多元领域的全覆盖。2019 年 2 月，央视新闻的调查报道《"惊人"数据的秘密》，就指出部分明星的数据造假比例高达 80%。可见，在高科技中，数据是可以造假的，我们不能一味地被信息技术、数据、流量等控制，应该注重人文性和技术性的统一，进行辩证分析。

二、推动大众化与时代化的融合

社会思潮网络引导的大众化是指随着受众人数扩大，从而导致引导层次和类型的增多，引导内容、方式的相应改变。主要包含两层概念，一是社会思潮网络引导的"化大众"，二是社会思潮网络引导方式的"大众化"。首先，社会思潮网络引导不仅是一种形而上的研究与工作体系，更具有强烈的指向性和现实性，其直接指向全体网民，从而辐射全体人民群众，体现其"化大众"的特征。社会思潮传播通常依托一套完整的理论体系，经由专家学者进行传播，再通过知识分子进行转换和大众化，从而影响人民群众。随着手机客户端的发展，相对于传统意义上的传播载体，社会思潮的网络传播内容和形式都越来越丰富，吸引了各层次阶级的群众关注。传统意义上，社会思潮的受众以知识分子、青年学生为主，如今不断往平民群体和农村群体蔓延，甚至一些错误的社会思潮在中老年农村群体中有一大批支持者，如基督教农村教徒的增加，就是一种现象。其次，相比于其他理论性和专业性的引导工作，社会思潮网络引导需要遵循网络规律，通过生活化、形象化、通俗化、普及化、多样化的方式方法来开展工作。"理论只要说服人，就能掌握群众；而理论只要彻底，就能说服人。所谓彻底，就是抓住事物的根本。"[1]要做好社会思潮引导这一形而上的意识形态工作，就必须既要注重社会思潮的理论性，引导大众全面、完整、准确地把握不同社会思潮的本质，又注重趣味性，善于将理论语言转化为网民喜闻乐见的网络话语，用网民受欢迎的平台和喜闻乐见的方式开展引导，使主流意识形态深入群众心里，获得大众支持，并转化为大众的内在品质和价值追求。

[1] 《马克思恩格斯文集》第 1 卷，人民出版社，2009，第 11 页。

　　时代化是社会思潮网络引导遵循历史规律、历史趋势、历史潮流的显著特征，来源于两个方面。其一，时代化体现在网络时代上。人类社会在经历了农业革命和工业革命之后，开始进入信息技术革命，走进网络时代。这时期，资本和生产在全球化的进程中得到巨大发展，生产方式也发生了改变，权力也在不断解构的过程中得到重组，意识形态的斗争在网络上不断呈现，网络逐渐演变为主战场，社会思潮网络引导面临着新的机遇和挑战。其二，时代化体现在中国社会进入了新时代。这个"新"首先指的是我国社会的主要矛盾已经改变为人民日益增长的美好生活需要与不平衡不充分发展之间的矛盾。其次，"新"还体现在时代主题上，我国新时期的时代主题是"不忘初心，牢记使命，高举中国特色社会主义伟大旗帜，决胜全面建成小康社会，夺取新时代中国特色社会主义伟大胜利，为实现中华民族伟大复兴的中国梦不懈奋斗"。主要矛盾和时代主题的改变对社会各阶层、各领域来说都是巨大的变动。社会思潮网络引导在这样的时代中孕育而生，具有鲜明的时代化特征，也进一步要求我们在工作中要紧密结合时代特征，把握时代主题，不断吸收新的时代内容，积极回应时代挑战，创造出社会思潮网络引导的新思路、新方法。我国是网络大国，但还不是网络强国，许多核心技术都还掌握在美国等资本主义国家手中。"随时以举事，因资而立功，用万物之能而获利其上"，信息革命是我国社会思潮引导过程中的一个重要历史机遇，我们必须牢牢抓住，实现"弯道超车"，使互联网这个最大变量变成党和国家事业发展的最大增量。

三、实现多元载体的一体化发展

　　一体化发展是指在社会思潮网络引导过程中，要坚持一体化发展方向，推动新载体和传统载体的融合，推动线上线下融合，推动国家、高校和媒体的融合，实现资源的有效配合和生产要素的有效整合，促进工作的顺利进行。

　　互联网时代，媒体突破了时空的限制，实现了信息交流的全球化和24

小时化；突破了物理限制，以比特为单位的互联网世界与人们的生活融为一体；突破了主体的限制，实现了"人人都可成为主体"的多媒体、自媒体现象；突破了功能的限制，从单一的信息传播拓展为融信息传播、社会交往、生活服务、娱乐文化等为一体的多功能体系。这四个突破，使媒体生机勃勃，在政治经济文化建设中起着举足轻重的作用。社会思潮的网络引导也应该顺应网络时代的主流，乘势而上，构建一体化发展的多媒体引导体系。以人民日报为例，作为官方媒体，人民日报始终承担着引领社会思潮的重任，纸质媒体是人民日报的传统载体。在信息技术的推动下，人民日报依托互联网，构建了含官方网页、论坛、微信、微博、线上报刊、线下报刊等为一体的多媒体传播体系，囊括了时政、经济、军事、文体、房产、健康、科技等功能，全方位开展主流意识形态的宣传教育，得到广大人民群众的喜爱。据《中国新闻事业发展报告（2022年）》显示：截至2021年11月30日，以"两微两端多号"为代表的人民日报新媒体覆盖用户总量超6.5亿。近年来，在每一次国际国内热点问题中，如中美经济贸易摩擦、香港暴力问题、新疆棉事件等，人民日报都充分运用各类媒体，特别是网络媒体进行一体化报道和分析，起到很好的社会思潮引导作用。

遵循一体化发展，不是简单的"1+1"模式，更不是取代关系，是要实现各类载体的深度融合，要根据各载体的具体情况进行重新整合，实现优势互补、相互融合、平台再造，在信息内容、技术应用、平台终端、管理手段上做到共融互通。例如，虽然以"两微一端"为代表的新媒体成为时代的潮流，但传统的网站、论坛等，在时间、版面、内容等方面有较大的浮动幅度，能够较为全面、系统、立体地呈现信息，因此依然拥有一部分受众群体。我们在开展社会思潮网络引导时，不能只建设移动互联网，应该将移动互联网和传统的互联网融合起来，实现一体化。遵循一体化发展规律，还要求我们实现线上线下的统一。社会思潮的网络引导工作主要依托网络渠道开展，但网络具有虚实二重性，任何网络行为都能在现实世界找到根源，是现实的延伸。网络载体的建设同样如此，线上载体的建设要依据线下人民群众的需求进行，线上活动需要走进线下，深入到人民群众生活中，在实践中落地生根，线下的载体也需要通过线上载体的传播扩大影响力，提高传播效果。在"新疆棉事件"中，各引导者就充分坚持了多元载体一体化原则，有效实现了网络引导。

案例 2　新疆棉事件的有效引导

2021 年 3 月 24 日，共青团中央通过官方微博点名 H&M，称其抵制新疆棉。事情起因，是西方国家单方面制造新疆棉花存在所谓的"强迫劳动"事件，于 2020 年 9 月开始制裁新疆棉行为，同时，多个协会组织参与请愿抵制新疆棉，H&M 集团 2020 年 10 月在其网站发表声明称"将不与位于新疆的任何服装制造工厂合作，也不从该地区采购产品／原材料"。该事件引起中国舆论场的轰动，激起了中国民众的强烈愤慨，民族主义思潮在网络中迅速传播。随着事件的进一步发酵，耐克、阿迪达斯、PUMA 等多个国际知名品牌也被扒出存在抵制新疆棉花的行为，众多网民开始在社交平台呼吁抵制曾发表声明抵制新疆棉花的其他品牌，社交平台相继掀起"抵制 H&M 商品""支持新疆棉花"的热潮。这期间，网络上出现了一些过激言论与行为，如网民发表"服务于这样的企业无异于卖国"等评论，还有网民晒出在一些品牌方网店辱骂客服人员的截图。

在"新疆棉花事件"中，各大涉事品牌代言人纷纷官宣与品牌终止合作，也有多位知名新疆籍艺人发声力挺支持新疆棉花，充分利用明星效应以发挥正面引导作用。央视新闻、人民日报、共青团中央等主流媒体同样发挥着关键化的引导作用，纷纷推出消息稿件等传统产品以及图文、短视频等新媒体产品，通过分析案例、解说数据等方式表明态度，以形成有利的社会舆论。在舆论发酵期间，共青团中央官方微博连发 4 条微博，指出 H&M 碰瓷新疆棉花、散布虚假信息，并发布新疆棉农真实的生活情况，对该负面舆情事件做出了及时有力的引导。在舆情爆发期，人民日报带头在微博平台上发起＃我支持新疆棉花＃的话题，引导全民支持新疆棉花。在主流媒体以及明星大 V 的引导下，网民不仅意识到中国在全球棉花产业中的重要地位，还认识到部分国外品牌对中国的不实指责和偏见，这种认知的深化激发了广大网民的爱国情感和民族自豪感，进而强化他们对国家的归属感和认同感。

第六章
社会思潮网络引导的方法

　　方法是指关于解决思想、说话、行动等问题的门路、程序等，社会思潮网络引导的方法是引导者为了实现引导目标、传递引导内容，对广大人民群众采取的思想方法和工作方式。采取什么方法直接决定了社会思潮网络引导的效果，毛泽东同志曾指出："我们不但要提出任务，而且要解决完成任务的方法问题。我们的任务是过河，但是没有桥或没有船就不能过。不解决桥或船的问题，过河就是一句空话。不解决方法问题，任务也只是瞎说一顿。"[①] 社会思潮网络引导的方法大体可包括增强社会主义意识形态凝聚力和引领力的方法、提高辨析错误社会思潮的方法。第一部分包括网络文化产品开发法、网络品牌打造法和网络服务供给法。第二部分包括网络交互对话法、网络舆情引导法和网络监管治理法。同时，在整个社会思潮网络引导过程中，还要注意相应技巧的使用，包括化整为零法、以小见大法和情景模拟法。

---

① 《毛泽东选集》第 1 卷，人民出版社，1991，第 139 页。

第一节　增强社会主义意识形态凝聚力和引领力的方法

社会思潮的网络引导过程，需要增强社会主义意识形态的凝聚力和引领力。由于意识形态属于上层建筑，长期以来如何提高其吸引力，提高其黏性，成为意识形态建设的突破口。特别是在网络社会中，要想受众"真听、真信"，做到"入脑、入心、入行"，第一步应该实现受众的"爱听、爱看"，注重方法上的创新。

一、网络文化产品开发法

《互联网文化管理暂行规定》（2017 修订）中规定，网络文化产品是指："通过互联网生产、传播和流通的文化产品，主要包括：一是专门为互联网而生产的网络音乐娱乐、网络游戏、网络演出剧（节）目、网络表演、网络艺术品、网络动漫等互联网文化产品；二是将音乐娱乐、游戏、演出剧（节）目、表演、艺术品、动漫等文化产品以一定的技术手段制作、复制到互联网上传播的互联网文化产品。"

文化在国家发展中具有重要地位，谁占据了文化发展的制高点，谁就掌握了国际竞争的主动权。威廉斯的媒介文化理论认为，文化霸权是各种传统、体制和形态的结合体，并依靠传播得以实现。网络已经成为意识形态斗争的主阵地和主战场，成为一些国家实施文化霸权的主要载体，谁领导了网络文化的发展方向，谁就易于屹立世界之林；谁失去了网络文化的主动权，谁就失去了网络这块至关重要的阵地。根据马斯诺需要层次理论，网络文化产品属于人们较高层次的需求，是生产力发展和人民生活水平提高的体现，是人民对美好生活的需要。在社会思潮的网络引导工作中，人民日益增长的对网络文化产品的美好需要与网络文化产品良莠不齐、供给不足之间存在矛盾。现阶段我国网络文化产品市场鱼龙混杂，一方面，一些主流意识形态的网络文化产品供给不足、吸引力不够；另一方面，一些被人民群众推崇的网络文化产品却充斥了自由主义、拜金主义、享乐主义、历史虚无主义、民主社会主义等思想，成为错误社会思潮的主要传播载体。网络文化产品开发法的运用，是对已有问题的整顿，是对未来走向的限定，是塑造清朗网络空间的必然之举，也是建设社会主义意识形态的有效之举。

（一）网络文化产品要精品化

在网络文化市场中，眼球经济活跃，一些产品的开发和生产以吸引公众注意力为目的，盲目追求收视率、点击率、浏览量。为了博得眼球，一些产品形式大于内容，一味媚俗、以丑为美、搜奇猎艳、低级趣味，或者颠覆历史，丑化和攻击人民英雄，腐蚀了人们的思想，导致网络文化市场混乱，对人民群众，特别是青少年带来恶劣影响。中国进入新时代，物质富足，距离实现中华民族伟大复兴的中国梦越来越近。在这种背景下，人们所追求的是能够代表中国先进生产力发展要求、代表中国先进文化前进方向和代表最广大人民根本利益的文化产品。一些文化产品没有坚持正确的政治导向，没有坚持社会主义核心价值观，把低俗当成是通俗，用一时的感官刺激替代精神快乐，使人民群众在表面的热闹喧嚣后，内心依旧空虚，精神世界依旧匮乏。因此，做好社会思潮网络引导，一定要坚持网络文化产品精品化，要"努力创作生产更多传播当代中国价值观念、体现中华文化精神、反映中国人审美追求，思想性、艺术性、观赏性有机统一的优秀作品"[①]，将产品做成精品。

精品首先要体现其思想性。作品要坚持马克思主义思想的指导，要符合社会主义意识形态要求，能够触及人的灵魂、引起人民思想共鸣。一个好的产品，首先应该把社会效益放在第一位，把追求思想高度和经济效益结合起来，以思想引领市场，要体现社会主义先进文化的发展方向。其次要体现其价值性，要符合社会主义核心价值观，要结合民族精神和时代精神，弘扬中

---

① 《习近平主持召开文艺工作座谈会强调 坚持以人民为中心的创作导向 创作更多无愧于时代的优秀作品》，《光明日报》2014年10月16日第1版。

国精神，反映出中华文化的凝聚力和魅力。要把社会主义核心价值观贯穿到产品中，通过形象生动的网络音乐、网络游戏、网络表演、网络艺术品、网络动漫、网络影视剧等，引导人民群众树立正确的价值观、历史观、民族观、国家观和文化观。再次要体现其精湛性。精湛即精微深奥，不能浮于表面、盲目追求形式，要脚踏实地，结合人民群众的需求去深入研究、潜心开发文化产品，使产品内容丰富、形式生动，给人带来美感、享受和思考，启发人们更好地认识和改造主观世界与客观世界，促进个人全面发展。

（二）网络文化产品要多元化

网络社会的多元、自由、开放、便捷等特征，催生出风格迥异的文化产品，人人都是麦克风，人人都可能成为文化产品的生产者。近几年来，我国网络文化及其相关行业呈现井喷式发展，网络游戏、网络直播、网络音乐等文化产业营业额大幅提高。据国家统计局统计，仅 2024 年第一季度，文化企业实现营业收入 31057 亿元，其中文化服务业实现营收入 16331 亿元，比上年同期增长 10.9%。社会结构的变化、生活方式的改变、科学技术的进步等，导致人们对网络文化产品的需求日益增长、日益丰富，已经不再局限于某一个方向，如果不均衡不充分开发网络文化产品，就有可能引起供需之间的矛盾。事物具有普遍性和特殊性，在新时代，作为群体存在的人们，对网络文化产品具有相对统一的要求，但作为个体存在时，每个人又具有不同的需求。有人需要轻松的文化产品以释放工作压力，实现文化休闲；有人需要知识型文化产品，以实现自我的提升；有人需要社交类文化产品，在互动中寻找自我……因此，在网络文化产品开发时，要注重把握不同群体的不同要求，在确保方向性的基础上，多元化开发，最大限度地满足人民群众的网络需求。习近平总书记指出："优秀作品并不拘于一格、不形于一态、不定于一尊，既要有阳春白雪、也要有下里巴人，既要顶天立地、也要铺天盖地。只要有正能量、有感染力，能够温润心灵、启迪心智，传得开、留得下，为人民群众所喜爱，这就是优秀作品。"① 如果忽略了人们日常生活中的需求，则容易使社会思潮的网络引导始终高高在上，无法落到实处，逐渐脱离群众，最终无法实现引导目的。

在多元化发展的同时，我们也要注重品质与引导，要坚持用社会主义意识形态引领网络文化，正确把握网络文化的发展方向，实现社会主义意识形态一元主导基础上的多元并存。多元化的网络文化生产如缺乏理智引导，往往导向错误方向，形成一股盲目的破坏力量。网络文化市场分为营利性产品和非营利性产品，非营利性产品多为政府公益类产品，政治性和方向性都较好把握，而营利性产品多为企业为追求利益而生产。在市场竞争过程中，一些企业为了追求利益最大化，注重形式而偏离内容，一味追求低级趣味而丧失了产品的文化性，使市场呈现出多元迷雾下的混乱。因此，要加强国家宏观调控的力度，通过制定网络文化行业管理规定，颁发网络文化经营许可证，加强对企业的管理，并长期不断地加强监督管控，树立优秀的榜样，严肃整顿不良现象，促进更多更好的绿色网络文化产品生产。例如，我国《互联网文化管理暂行规定》（2017 修订）明文规定，互联网文化单位不得提供载有以下内容的文化产品："（1）反对宪法确定的基本原则的；（2）危害国家统一、主权和领土完整的；（3）泄露国家秘密、危害国家安全或者损害国家荣誉和利益的；（4）煽动民族仇恨、民族歧视，破坏民族团结，或者侵害民族风俗、习惯的；（5）宣扬邪教、迷信的；（6）散布谣言，扰乱社会秩序，破坏社会稳定的；（7）宣扬淫秽、赌博、暴力或者教唆犯罪的；（8）侮辱或者诽谤他人，侵害他人合法权益的；（9）危害社会公德或者民族优秀文化传统的；（10）有法律、行政法规和国家规定禁止的其他内容的。"这些要求就是对营利性网络文化产品的很好约束。

（三）网络文化产品要大众化

人民群众是文化之源、文化之本，文化产品的生产只有立足于人民、来

---

① 《习近平主持召开文艺工作座谈会强调 坚持以人民为中心的创作导向 创作更多无愧于时代的优秀作品》，《光明日报》2014 年 10 月 16 日第 1 版。

源于人民、服务于人民，才能永葆动力，生生不息。在社会思潮的网络引导过程中，实现网络文化产品的大众化，有利于解决主流意识形态网络文化产品边缘化的问题，即把主流意识形态的网络文化产品普及到人民群众中，或将主流意识形态寓于人民群众喜爱的文化产品中，让主流的声音传得更广更实，实现大众化、化大众的目的。网络文化产品的大众化，并不意味着庸俗化，而是让网络文化产品在与人民群众日常生活的结合中，实现反思与改造，从而走进人民群众的内心世界，真正满足人们的精神需求。一首网络歌曲、一部网络小说、一个短视频、一款互动游戏，都能够承载正能量的信息，都能以其独特的方式吸引人民群众。

网络文化产品大众化的方式就是"从群众中来，到群众中去"。首先，从群众中来，就是要透过现象看本质，分析人民群众的网络需求，将人民的需求与国家的发展结合起来，将党和国家的方针政策落细落小落实到人民日常生活中，去开发人民看得懂、用得着、爱得上的文化产品，让人民的精神生活迈上新的台阶。列宁指出："艺术是属于人民的。它必须在广大劳动群众的底层有其最深厚的根基。它必须为这些群众所了解和爱好。它必须结合这些群众的感情、思想和意志，并提高他们。它必须在群众中间唤起艺术家，并使他们得到发展。"[1] 其次，到群众中去，就是要采用人民群众喜闻乐见的方式去推广产品。主流网络文化产品的大众化，不能仅理解为产品的宣传普及，更不能运用行政手段强制性地推广使用，产品只有真正被人民群众所接受，才能发挥主流意识形态强大的凝聚力和引领力，帮助群众自觉抵制错误社会思潮的影响，将主流意识形态内化于心、外化于行。

（四）网络文化产品要时代化

与时俱进，是文化产品的内在要求和发展动力。信息化时代，高科技引领下，文化产品更新换代速度越来越快，网络文化产品应该始终走在潮流的前端，充满创意，饱含科技感，才能盘活市场动向，吸引人民群众。"每一

---

[1]　陆贵山、周忠厚编著《马克思主义文艺论著选讲》，中国人民大学出版社，1999，第392页。

个时代的理论思维，包括我们这个时代的理论思维，都是一种历史的产物，它在不同的时代具有完全不同的形式，同时具有完全不同的内容。"① 网络文化产品的时代化，就是要使产品能够揭示时代的发展规律，反映出这个时代的特征和主题。青少年学生是网民中的主体，也是社会思潮网络引导的主体，青少年对新鲜事物充满好奇，追求创意、个性和时尚，如果引导者不与时俱进，将主流意识形态的内容进行时代的转化，则等同于将网络阵地拱手让人。时代化是内容的时代化，要不断创新和发展马克思主义理论和中国特色社会主义理论体系，使主流意识形态富有时代气息、便于传播。时代化也是形式的时代化，要挖掘主流意识形态和当下人民群众生活的内涵，依托先进的科学技术，在话语的表达方式、产品的包装和传播方式上，都体现出时代感。

故宫博物院结合时代发展和人民需求，本着"越是温馨的、贴近百姓生活的东西，越会受欢迎"的理念，让传统文化向"酷""萌""趣"发展。近几年来，故宫依托网络开发了 9000 多种文化产品。其中，故宫博物院在淘宝开了一家"朕的心意"快闪店，向人民群众销售话题度较高的文创产品，如故宫日历、故宫胶带、故宫元素首饰、故宫玩偶、故宫口红、海错拼图以及各种故宫食品等。产品将中华优秀传统文化与时代结合起来，与人民的需求结合起来，让文化宝藏"活起来"，既有趣味又实用，一上市就受到广大人民群众的追捧，一改往常买方市场的现状，经常断货，供不应求。这一方式有助于我们加强对中华优秀传统文化的宣传教育，能够大大增强社会主义意识形态的吸引力。

二、网络品牌打造法

在网络圈层化现象中，引导者可以选择融入受众的圈层或将受众吸引到自己的圈层中。在这两种选择中，打造自己的品牌、提高社会主义意识形态

---

① 《马克思恩格斯文集》第 9 卷，人民出版社，2009，第 436 页。

的吸引力、建立自己牢固有效网络圈层的可操作性更强，网络品牌打造法就是建立牢固网络圈层的有效方式。2016年，国务院办公厅印发的《关于发挥品牌引领作用推动供需结构升级的意见》指出，"品牌是企业乃至国家竞争力的综合体现，代表着供给结构和需求结构的升级方向"，从国家战略的角度指出了打造品牌的重要性。而在社会思潮网络引导过程中，打造网络品牌也同样重要。网络社会，网友具有自由选择的权利，建设好主流阵地，打造强有力的品牌，将红色地带越做越大，越做越好，才能留住网友，将主流声音越传越广。

狭义的品牌是指用来识别某个产品的名称或标志，而广义的品牌是指人们对某一事物的认知程度，是集页面美工、符号信息、产品内容、技术水平、文化价值、服务体系等为一体的综合认知，用户体验是网络品牌的直接体现。随着网络技术的发展和人们生活水平的提高，人民群众对网络产品提出了更高的要求，不再局限于资料查阅、通信互动、新闻发布等单一的功能，呈现出个性化、多样化、高端化、体验化的特点，如何在众多网络产品中做到"人无我有、人有我优、人优我新"，成为网络引导品牌打造的核心要素。我们可以通过以下三种方式来实现产品的差异化，打造社会思潮网络引导载体的品牌，发挥品牌效益。

（一）功能型品牌打造法

社会思潮网络引导载体的功能不应是单一的，应该具有休闲娱乐、生活服务、沟通交流、教育教学等多元服务。产品的社会思潮引导功能越明显，越有可能让网友产生排斥心理，反之，引导功能寓于其他功能中，则有助于潜移默化地实现引导目的。社会思潮的网络引导工作属于意识形态建设工作，与人们日常生活有一定的距离，并不是所有人能第一时间或长期关注的对象。因此，在打造品牌的过程中，要注意"显"与"隐"的结合，显现出产品贴合人民群众生产生活实践的功能，隐藏产品的政治教化和宣传教育功能。例如，新华网作为我国官方媒体，承担着社会思潮引导的任务，但如果新华网只强调主流意识形态的宣传教育，就容易使群众感到索然无味。在全媒体时代，新华网不断丰富其功能，依托网络渠道构建了媒体方阵，拓展了报纸、杂志、手机报、微博、微信、客户端等 10 多种载体，从丰富功能入手，实现全员联动，其功能包含时事政治、健康科普、经济分析、教育教学、文化娱乐、社会民生等方方面面。近几年来，新华网以其丰富的功能性贴合了人民群众的需求，以其轻松活泼、深入浅出、以小见大的方式博得了群众的喜爱，成为主流媒体中的一道王牌。除了新华网之外，广受人民群众喜爱的腾讯网、新浪网等也以其丰富多样的功能而塑造出较高知名度的品牌。针对此类企业产品，国家要发挥宏观调控功能，对网络平台和产品加强监督管理，使其为我们所用，将社会思潮网络引导贯穿于其他功能中。

以综合性功能取胜，需要拥有强大的实力做保障，是一个长期系统的工程，适用于政府部门开展社会思潮网络引导。在实际的工作中，一些引导者并不具备开发综合型网络平台和产品的能力，针对这类引导者，可以根据受众的刚性需求，深入开发独特性的功能，将平台和产品做专做精，赢得良好的用户体验。中国大学慕课就是其中的优秀例子。中国大学慕课是由网易与高等教育出版社携手推出的在线教育平台，承接教育部国家精品开放课程任务，向大众提供中国知名高校的慕课课程。产品紧紧地抓住了学生对学习的刚性需求，运用网络平台进行教学模式的创新，任何人都能免费注册并自由进行在线学习，每一个有意愿提升自己的人都可以免费获得更优质的高等教育，学习方式包括观看视频、参与讨论、提交作业、课程提问和终极考试等。根据教育部统计数据显示，截至 2024 年 3 月，我国慕课已上线超 7.68 万门，注册用户 4.54 亿，服务国内 12.77 亿人次学习，我国慕课建设和应用规模位居世界第一。在国家精品课程中，《习近平新时代中国特色社会主义思想概论》《毛泽东思想与中国特色社会主义理论体系概论》《理解马克思》等主流意识形态教育的课程广受师生的欢迎，起到很好的社会思潮引导功能。

除此之外，我们还应该充分发挥现有平台和产品的优势功能，将社会思潮的网络引导寓于其中，实现强强联手，润如无声。微博是广大青少年热爱的网络平台，里面聚集了大量广受青少年喜爱的娱乐明星，共青团中央抓住微博对青少年的重要意义，开通了微博公众号，并将社会思潮引导寓于文化娱乐中。例如，邀请青年正能量歌手许魏洲演唱《青春的回答》，致敬改革开放 40 周年。再如，针对一些娱乐现象，共青团中央微博发挥着监督员的作用，不时点赞一些正能量的娱乐明星，批评一些负能量的娱乐明星。这些工作，都是借助微博这一平台，充分发挥其品牌效应，有效促进社会思潮的网络引导。

（二）地域特色型品牌打造法

地域是指一定的空间区域，包含自然要素和人文要素，具有区域性、人文性和系统性。"不同地区居住的不同民族在生产方式、生活习俗、心理特征、民族传统、社会组织形态等物质和精神方面存在着不同程度的差异，从而形成具有鲜明地理特征的地域文化"[①]，例如岭南文化、关东文化、三晋文化等。不同地域拥有不同的文化，使不同地域人民群众的网络需求、网络行为、网络喜好也呈现出差异化。细化受众群体，针对不同地域进行特色型品牌打造，能够引起受众的情感共鸣，提高参与度，是品牌打造的有效方式。

"中国的文化区域大体上可以划分为'燕赵文化''秦晋文化''关东文化''中原文化''吴越文化''岭南文化''闽台文化''两淮文化''江西文化''湘楚文化''巴蜀文化''云贵文化''青藏文化''内蒙古草原文化'以及'新疆文化'等16个基本地域文化区。"[②]不同的文化区域因其历史和地理位置而呈现出不同特点，以各地区的卫视定位为例，江苏卫视定位为"情感"，湖南卫视定位为"娱乐"、广东卫视定位为"财富"，这些都与地域文化有关。如四川、重庆等地，地处四川盆地，交通较为不便，历来有"蜀道之难，难于上青天"之称，这一地理环境的限制激励起巴蜀人民向外开拓的勇气和决心，使巴蜀文化呈现出封闭与开放兼容的历史个性。同时巴蜀文化中的茶馆文化也独具特色，一杯茶、一个故事、三两好友，就可以成就一段美好的时光。针对这一地域的人民群众开展社会思潮的网络引导，可着重打造"故事"品牌，突出其休闲与进取并重的特色，富有生活气息，

---

① 李慕寒、沈守斌：《试论中国地域文化的地理特征》，《人文地理》1996 年第 3 期。
② 周尚意等编著《文化地理学》，高等教育出版社，2004，第 238 页。

在家长里短中述说主流意识形态。再如，针对岭南文化进行社会思潮网络引导品牌的开发，应该着重考察岭南地域的历史渊源，对其长期积累的文学、绘画、书法、音乐、戏曲、工艺、建筑、园林、民俗等进行研究，突出其"多元、开放、务实、兼容、创新"的特点，打造富有岭南特色的网络引导载体。

网络时代，人们之间的交流和互动摆脱了地理的限制，地域文化之间的交融更加紧密，呈现出"无地方特性的图像地理和虚拟地理"世界。在这种大背景下，要更好地符合时代潮流打造地域特色，除了考量历史和地理位置之外，还应该加以艺术性的呈现，即结合信息技术优势，富有创造性地赋予不同地域标志性的文化符号。例如，人们唱起"山歌好比春江水"，就会自然地联想到广西，一谈到"龙"就会呈现中国形象。因此，人们在开发网络平台和载体时，可以充分运用吉祥物、标志性文化符号等进行自我形象的构建，将地域特色形象化、生动化，有效扩大产品的宣传力度。同时，在议题设置上充分体现地域特色，结合风土人情、文化节庆日等，设置能够广泛引起群众共鸣的正能量话题，吸引群众积极参与并传播。

（三）风格型品牌打造法

网络社会，求新求快求异，别具一格、风格突出的网络平台和载体容易抓住人们的眼球，给人们留下深刻印象，并促进信息成幂式分散。风格型品牌打造法更适用于作为独立个体存在的引导者。因为单独的引导者拥有自身独特的性格特征、能力素质、网络行为习惯和表达方式，较容易形成具有突出特色的个人风格，如网络意见领袖、社会名人、官方代言人等。

如央视新闻联播主持人朱广权凭借一段段押韵又一本正经的幽默播报塑造了独具个人特色的新闻播报风格，例如"被窝以外是远方，被窝以内是冰箱""亲爱的观众朋友们，地球不爆炸，我们不放假，宇宙不重启，我们不休息，风里雨里节日里，我们都在这里等着你，没有四季，只有两季，你看就是旺季，你换台就是淡季""烟花爆竹价格贵，还让环卫工人特别累，消防战士不能睡，污染空气添累赘"等。在此基础上，朱广权还通过微博等渠道，将自己与新闻联播手语老师"相爱相杀"的情景进行调侃。不少网友表示"因为朱广权爱上了新闻联播""古板的新闻联播还有如此有趣的打开方式"等。朱广权"央视段子手"的品牌效应得到进一步提高，在网络上圈了一大波粉丝，俨然已经成为新时代新闻主持人的一大品牌。这一案例的成功之处在于朱广权打破了常规思维，一改传统新闻联播播放过程中的不苟言笑，采用群众所喜闻乐见，幽默又不失严谨的方式进行了新闻联播的播报，在独具风格的品牌效应中塑造出了红色阵地的网络意见领袖，大大提高了社会主义意识形态的吸引力。

但网络上也不乏出现许多仅追求方式方法的新颖而忽略了内容和实质的风格型网络人物，这类网络人物可能通过其异类的行为在短时间内博得眼球，但最终只会在网络世界中如匆匆过客，烟消云散。因此，在打造风格型品牌时，一定要坚持内容为王，创新为要，要时刻坚持正确的政治方向，保证发布的内容与主流意识形态同频共振、同向同行。风格型品牌打造不应仅仅依靠引导者个人，应该充分发挥集体的力量，结合个人的特色，进行团队合作，将个人努力打造成网络意见领袖和榜样人物，将党和国家的声音传得更宽、更广。

三、网络服务供给法

社会思潮网络引导过程要紧密结合人的需求，实现思想追求和利益追求的统一，在开展服务的过程中满足人民群众的需求，才能实现有效引导。社会思潮网络引导的网络服务供给法，是指引导者通过网络开展基础教育、就业服务、社会保障、医疗卫生、居住条件、环境保护、公共文化等公共服务，以满足公民需求，从而实现社会思潮引导的一种方法。

（一）"服务"是网络服务供给法的根本理念

"服务"是中国共产党最鲜明的标志和最本质的属性，"全心全意为人民服务"是中国共产党的初心和宗旨，中国共产党始终"是人民群众的全心全意的服务者，它反映人民群众的利益和意志，并且努力帮助人民群众组织起来"①。近百年来，中国共产党不忘初心，带领中国人民开展中国革命和建设，在改革开放的推动下围绕人民的所思所想，不断满足人民日益增长的美好生活需要，让人民享有更多的获得感、幸福感和安全感。党的十八大提出"建设学习型、服务型、创新型的马克思主义执政党"的要求，进一步体现了"服务"理念。社会思潮的网络引导是党意识形态建设的重要组成部分，必须时刻贯彻落实"服务"理念，从人民群众的利益出发，促进引导工作入脑入心入行。

网络服务供给法以最广大人民群众为服务对象。政党大多数都具有服务功能，但与资产阶级政党具有强烈目的性、局部对象性和工具性服务不同，中国共产党的服务是"强调和坚持整个无产阶级共同的不分民族的利益"②，代表的是最广大人民群众的根本利益，服务对象不是某一个独特的群体，而是最广大的人民群众。因此，开展网络服务供给法，要求在社会思潮的网络引导中时刻将最广大人民的利益放在首位，在开展基础教育、就业服务、社会保障、医疗卫生、居住条件、环境保护、公共文化等公共服务中，形成服务型政党与代表最广大人民群众根本利益良性循环的运作机制。引导者以什么形态出现，直接决定了社会主义意识形态的吸引力，网络服务供给法有助于提高社会主义意识形态的吸引力。引导者以官僚组织的形象出现，让人感觉高高在上，缺乏吸引力和说服力；引导者以人民公仆的形象出现，"坚持问政于民、问需于民、问计于民，真诚倾听群众呼声，真实反映群众愿望，真情关心群众疾苦，依法保障人民群众经济、政治、文化、社会等各项权益"③，能迅速拉近与人民群众之间的关系，有效开展社会思潮的网络引导。

在我国改革开放的进程中，一小部分引导者陷入官僚主义和形式主义，服务意识淡薄，懒于行政，敷衍群众，社会出现人民群众办事难、办事繁、办事慢的现象，甚至有为了一件小事，需要跑多个部门多个窗口，甚至跑断腿、磨破嘴都难以办成的现象。以到政府部门办证为例（如居住证、准生

---

① 《邓小平文选》第 1 卷，人民出版社，1994，第 218 页。
② 《马克思恩格斯文集》第 2 卷，人民出版社，2009，第 44 页。
③ 胡锦涛：《在庆祝中国共产党成立 90 周年大会上的讲话》，人民出版社，2011，第 15 页。

证、营业执照等），人人调查网早前数据显示，85.46% 的人曾有过办证难的体验，群众在网上调侃"办证难，难于上青天"，并总结出办证难的三大症结：流程长、材料多、态度差。这些现象严重损害了党和政府在人民群众中的形象，导致公信力的缺失。随着人民群众政治意识、法律意识的提高，加上互联网信息的影响，人们对党和政府的要求在不断提高，如果不改变这种现象，就给了错误社会思潮可乘之机。一些民主社会主义思潮的鼓吹者就此问题指责中国政府不"民主"，认为中国并不是真正的社会主义；一些历史虚无主义者则杜撰莫须有的历史，污蔑中国共产党官僚之风一直盛行；一些新自由主义者鼓吹应"尽量让政府从干预中摆脱出来"……可见，要想提高社会思潮网络引导的效果，必须提高网络的服务能力。

（二）网络服务供给法的具体运用

　　网络服务供给法要求建立和完善引导者为人民服务的网络平台，使红色阵地不仅是党和国家宣传教育的阵地，也是为人民群众服务、解决人民群众实际困难、满足人民群众所思所想的阵地。首先应该畅通群众诉求和反馈渠道。现实中存在一些"僵尸账户"，虽然设置了相关的群众沟通渠道，但久不更新，或者鲜少回应群众的反映。引导者应该充分保障沟通渠道的畅通，及时收集和整理群众反映的情况，有针对性地掌握群众思想动态，开展有效引导，同时接受人民群众对服务质量的监督，在反馈中实现提升服务。其次是拓宽服务类型。人民群众日常所需要的服务，涉及政治、经济、文化、社会和生态等方方面面，应该将引导转化为服务，落细落小落实到人民日常生活中，通过开展基础教育、就业服务、社会保障、医疗卫生、居住条件、环境保护、公共文化等公共服务，实现"幼有所育、学有所教、劳有所得、病有所医、老有所养、住有所居、弱有所扶"的民生期待。

　　网络服务供给法的目标是转化理念、放管结合、优化服务改革，以网络信息技术为手段，增强社会思潮网络引导的主动性、精准性和便捷性。网络服务供给法的实施有利于抓取人民群众的关注点、需求点，并通过大数据分析，实现社会思潮的精准化引导。例如，通过政府意见反馈、政务公开信息的浏览量和互动量、某项政府服务产品的使用频率等，分析出人民群众日常生活中的痛点难点。这些痛点难点通常是影响人们思想观念和价值取向的根源，也是一些社会思潮借题发挥的契合点，更是网络舆情的易燃点。因此，针对这些痛点难点，有的放矢地开展主流意识形态的宣传教育，能够取得事半功倍的效果。

近几年来，随着服务型政党和服务型政府的建设，各级各地不断结合互联网技术开展网络服务工作，以网络为平台，以信息技术为支撑，从"群众跑腿"到"数据跑腿"，从"网上晒权"到"网上行权"，各类党政网站、党政微博、党政微信、党政APP等形成了全国"互联网＋服务"网络服务方阵。"'互联网＋政务服务'已经成为政府职能转变的新动力、建设服务型政府的重要路径、'放管服'改革的基本依托、推动释放市场潜力活力的新增长极和供给侧结构性改革的有力杠杆。"① 用户凭身份证信息登入政府一体化办事平台，实现一户多窗口，群众无须出门，通过客户端，就可以轻松实现办事预约、掌上办事、文件查询、热线服务等功能，群众办事就如同网络购物一样便捷。例如，广西通过一体化、标准化、数据化、智能化、自助化、移动化的方式，打造24小时"不打烊"的"互联网＋政务服务"新模式，在多个领域实行"一窗受理、集成服务"，全面推进"一事通办"改革，"最多跑一次"事项比例达80%，好评如潮。服务理念在网络上的贯彻落实，是中国共产党在网络上贯彻群众路线的直接体现，是党的初心和宗旨时代化、大众化的遵循，能够有效增强社会主义意识形态的凝聚力和引领，从而拓宽网络红色阵地。

第二节　提高辨析错误社会思潮的方法

社会思潮网络引导的另一个方法是对网络上的多元社会思潮进行辨别、分析，从而转化灰色阵地、压缩黑色阵地。辨析的过程既是促进受众正确认

---

① 翟云：《"互联网＋政务服务"推动政府治理现代化的内在逻辑和演化路径》，《电子政务》2017年第12期。

识社会思潮、学会明辨是非的过程，也是充分发挥社会主义意识形态的引导作用、吸收多元社会思潮积极因素、抵制或消灭其消极因素的过程。提高辨析社会思潮能力的方法包括网络交互对话法、网络舆情引导法和网络监管治理法。

一、网络交互对话法

在社会思潮的网络引导过程中，引导者获取社会思潮信息过程、与受众的互动过程、与其他社会思潮传播者的互动过程都是一种网络交互对话。人们同外在世界和内在世界的交往实践过程是话语的对话过程，通过符号、文本、话语、肢体动作等方式，实现信息之间的交流互动，同世界对话、同他人对话、同自己对话。人与机器、人与他人、人与自己之间形成一种以互联网信息技术为中介的新型的主体间性交互关系。这种关系主要包括三个类型，即人机交互关系、人际交互关系和自我交互关系。其中，人机交互关系是基石，为其他两种关系提供技术条件和现实载体；人际交互关系是核心，是构成网络社会关系的主要内容；自我交互关系是终点，是人们开展网络社会实践活动的终极目标。

（一）充分运用人机交互获取社会思潮信息

运用网络开展社会思潮的引导，归根结底是对网络信息技术的运用，这个过程需要一定的物理终端设备，不断开发遵循社会思潮引导规律的对话，实现人与机之间的良性互动，成为社会思潮网络引导方法的创新之举。广义的人机交互对话是指人类与整个网络信息技术之间的交流活动，是人类认识并改造网络世界的过程，狭义的人机交互对话特指人与某一种终端设备之间对话的工作方式，即用户通过控制台和终端设备，以对话的方式，对电脑、手机等某一终端设备发出命令以驱动设备执行相应任务的过程。为使研究更具有可操作性，我们仅研究狭义上的人机交互对话。

信息技术的发展推动人机对话模式的更新换代。第一代人机对话模式使用的是由字符集组成的密码式语言，具有很强的专业性和封闭性，只有少部分专业技术人员能够实现人机对话；第二代人机对话模式采用的是图形式交流方式，人们可以通过鼠标、键盘等工具来实现对话；第三代人机对话模式采用的方式最接近人们日常生活中的交流方式，可通过口头语言、肢体语言等进行人机智能交流，如语音识别、智能机器人对话、AI 技术等。在"互联网＋"驱动下，各行各业都在不断开发人机对话系统，如各类手机 APP 开展语音识别功能、医疗行业使用机器人开展精细化手术、服务行业依托 AI 技术实现服务创新。但是，在意识形态建设中较少采用人机互动对话法，意识形态建设工作也由此在一定程度上跟不上互联网时代的发展，人民群众对此参与性不高、互动性较差、体验感较弱。

在社会思潮网络引导中充分运用人机互动对话，首先需要明确引导者的主体地位，应该根据自我的要求，对信息技术进行认识和改造。信息技术终端是人类开展生产生活实践活动的工具，但一些人在使用终端设备的过程中，被技术所控制和奴役，失去了自我，沉溺于网络世界无法自拔，究其原因就在于其主体地位的缺失。其次，引导者需要明确目标，将目标转化为字段和命令，将更多先进的信息技术引入到社会思潮网络引导工作中。如限定社会思潮领域的关键词，通过人机对话，更好地抓取信息，实现大数据分析。再如，通过 AI 技术等，提高主流意识形态宣传教育的模拟实践，增强线上线下的体验感。再次，引导者需要充分遵循网络社会和信息技术的规律性，紧跟时代潮流，将最新的技术运用到社会思潮网络引导中。信息技术不是一个单纯的对象化工具，它本身就是信息技术创造者主体性的客体性表象，被赋予了一定的主体性。这个主体性体现在信息技术的理念、规则、用途等方面，更体现在其可以能动地促进人与人之间、自我之间的交往互动。因此，在社会思潮网络引导工作中，除了要让技术"为我所用"，还需要"顺势而为"，只有将政治性、阶级性、教育性与网络的技术性、开放性、多元性、互动性、虚实结合性等紧密结合起来，才能实现人机之间的有效互动对话。

（二）积极开展有效的人际交互对话

人际交互关系作为网络社会关系的主要内容，"是网络社会空间环境中网民之间网络社会关系的表征，是网络社会与现实社会、网民个体与现实个体高度融合互渗的背景下，交往双方借助数字化符号化信息中介系统而进行的信息、知识、精神的共生、共享的实践活动"①。在人机交互对话的基础上，信息技术的发展使得不同主体可以突破时间和空间的限制进行交互对话，网络社会中的人际交往更加突出了人作为主体的重要性，强调主体间的沟通与协作。

人际交互对话在社会思潮网络引导过程中的使用主要体现在以下几点。一是树立主体间性意识。即引导者与受众之间是平等互动的关系，受众不再是对立物，而是具有主观能动性的等同物，要充分尊重受众的主体性，在一定程度上，营造出相互尊重、信任和平等的氛围，受众的主体性得到越充分的发挥，引导效果就越佳。二是注重交互性。交互即交往互动，你来我往，你问我答，从群众中来到群众中去，持续发展这种良性互动关系。第一个层面的互动是话语上的互动。在网络上用人民群众喜闻乐见的方式跟人民群众进行交流，使双方处在同一个网络圈层和同一频道中，话语能够进行顺畅的交流，人民群众所诉说的引导者能接收到，引导者所传递的人民群众能理解。第二个层面的互动是需求上的互动。从人民群众的需求出发，在网络上解答人民群众的疑难问题，回应群众所需所求，让人民群众对引导者产生信任，认同引导者所阐述的话语。第三个层面的互动是精神上的互动。将群众的需求和社会的需求结合起来，通过主动设置议题、创新宣传方式、分辨错误思潮的实质等方式，对群众的精神世界进行改造和引领。三是有效开展对话。开展对话的目的是使人民群众的思想观念和价值追求与主流意识形态保持一致，自觉抵制错误社会思潮的影响。对话建立在问题基础上，这些问题包括群众对社会思潮的错误理解、对社会矛盾的不正确认知、对主流意识形态内容的不完整把握等方面。要通过对话使这些问题暴露出来，平等、开

---

① 吴满意：《网络人际互动：网络思想政治教育的基本视域》，博士学位论文，电子科技大学，2011，第53页。

放、宽容地接受群众的询问和质疑，广开言路，引导人民群众共同探讨，不断对比和验证，逐步接近主流意识形态。网络为我们平等对话提供了便利条件，双方地位、身份和阶层的差距得到一定消解，但对话的过程并不是漫无目的、毫无节制的，对话的目的是解决问题，寻求一致性，因此，引导者需要主导对话的进程和方向，避免对话过程走向异端。

一切高姿态、填鸭式的社会思潮引导方式，都有违人际交互对话的原则。引导者应该从"我能给你带来什么"转变为"你需要什么"，从"主流意识形态是什么"转变为"主流意识形态跟你有什么关系"，从"这个思潮是错误的"转变为"你为什么会认同这个思潮"。一切从人民群众出发，带着问题出发，诚恳询问人民群众，从小到大、由浅到深、从点到面，循序渐进地开展平等对话，解答人民群众的困惑。

（三）在辨析社会思潮过程中促进自我交互对话

古往今来，许多哲学家都对"自我"这一问题进行了探索，如康德的"纯粹自我"、黑格尔的"精神自我"、费尔巴哈的"抽象自我"。马克思阐述的"自我"是"现实的个人"，即把自我放在特定的历史条件、物质生产条件和社会实践中，总结出人的类本质是社会实践，人作为社会存在物，其本质是一切社会关系的总和。网络是现实社会的延伸，更是社会历史发展到现阶段的重要组成部分，人在网络社会中的交往互动是人类社会关系的一部分，在网络社会与多元社会思潮的辨析互动中，人们通过人机互动、人际互动等实践活动，选择正确的社会思潮，抵制错误的社会思潮，实现个人内在与外在的统一、意识与行动的统一、虚拟和现实的统一。

网络摆脱了时间和空间的限制，具有一定的虚拟性，但并不意味着彻底脱离了社会历史条件和社会关系，主要原因有两点：一是网络信息技术的发展、计算机等终端设备的存在，离不开一定社会生产和社会关系；二是个人的网络行为和需求是现实社会的镜像，是个人潜在意识和外在意识的反映，因为"各个人的出发点总是他们自己，不过当然是处于既有的历史条件和关系范围之内的自己，而不是意识形态家们所理解的'纯粹'的个人"。[①]因此，无论个人在互联网上同时拥有几个账号、几种身份和几个网络交往圈层，他都离不开现实的自我。

人们在网络上的自我互动"涉及网民自我的身与心互动、动机与行为的互动、真实与虚拟的互动、功利性与审美性的互动等"[②]，最终是为了实现自我的统一与发展。自我交互对话至少包括两个层面：一是引导者自我的交互对话。引导者深入学习主流意识形态建设的内容，经常进行自我的对话、反省与修正，确保引导者认同自我在网络上的话语和行为，发自内心地认同并践行主流意识形态，从根本上解决引导者"口是心非""言行不一""线上线下两张皮"的现象；二是引导受众进行自我的交互对话。在网络这个虚实结合、多元复杂的实践场所，一些人在网络上受到错误社会思潮的影响，被一些表面的宣传和富有蛊惑性的信息所误导，分不清是非黑白，逐渐产生身心分离、动机与行为分离、真假不分等现象，阻碍了自我的发展、社会的稳定和国家的发展。而引导者可以通过议题设置、情境还原、对话交流等方式，引导人民群众在浮躁的网络世界中安静下来，返璞归真，将自我置身于一定的社会关系中，在实践中明确自我的存在方式，在网络交往中去构建符合一定历史条件和社会生产的自我关系，并最终在自我统一的过程中去实现自我的价值归宿。

二、网络舆情引导法

舆情是指"在一定的社会空间内围绕中介性社会事件的发生、发展和变化，作为主体的民众对作为客体的社会管理者及其政治取向产生和持有的社会政治态度。它是较多群众关于社会中各种现象、问题所表达的信念、态

---

① 《马克思恩格斯文集》第 1 卷，人民出版社，2009，第 571 页。
② 吴满意：《网络人际互动：网络思想政治教育的基本视域》，博士学位论文，电子科技大学，2011，第 54 页。

度、意见和情绪等等表现的总和"。[①] 舆情和社会思潮之间具有紧密的联系，两者都是基于某种社会现象，都是具有较大影响力的思想观念或倾向，一定舆情是一定社会思潮的反映，是多元价值观冲突的直接表现，舆情源于一定社会思潮，并进一步促进社会思潮的传播与发展。网络舆情是社会舆情在网络上的反映和延伸。在原来社会舆情的基础上，网络舆情的客体不仅包括公共事务、社会议题，还包括个人事务和小范围的话题，网络舆情所表达出的信念、态度、情绪等也更为多元、易变、冲动、极端，且容易从线上发展到线下，引发一定的社会冲突，具有迅速蔓延性，破坏性也较强。随着网络的普及，在"人人都是麦克风"的自媒体时代，网络舆情逐步泛滥，在网络场域出现不同社会思潮冲突，以网络舆情引导为切入点，辨析多元社会思潮，成为社会思潮网络引导的有效之举。

（一）网络舆情的要素分析

网络舆情包含事件、网民、网络载体和传播互动四大要素。如图 6.1 所示，事件是网络舆情的核心，任何网络舆情总是源于某热点话题、突发事件、社会问题等；网民包括首发网民、意见领袖和网民群体等，首发者针对某个事件发表一定的网络言论，经由意见领袖等转发传播，引起广大网民群体的关注与传播；网络载体包括微信、微博、网页、论坛、客户端等各种网络平台，网民通过这些平台实现信息之间的传播互动。在整个网络舆情的发酵、扩散过程中，人人都可以成为传播源，并且网民之间进行的是发散性的传播互动，互动过程常伴随煽情、情感激励、人员号召、角色互换等传播方法，群体无意识性得到体现，表现出一定的盲目性、从众性、冲动性、极端性等特征。

---

① 王来华：《舆情研究概论》，天津社会科学院出版社，2003，第 32 页。

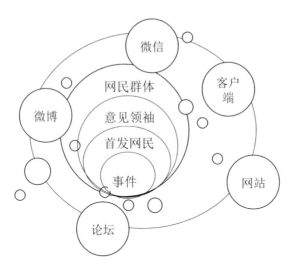

图 6.1　网络舆情扩散图

（二）网络舆情的获取

网络信息纷繁复杂，大数据分析为网络舆情的获取提供了有力的技术支撑。通过大数据获取相关的信息，结合定量分析和定性分析，判断舆情中包含的社会思潮元素，再进行有针对性的引导。大数据分析是通过分析大量不同类型数据以发现隐藏模式、未知关联和其他有用信息的过程，具有数据量大、速度快、类型多、价值高的特点，为引导者辨析、评估决策提供科学参考。大数据分析主要包括以下几个方面。一是可视化分析，即将大量的数据以直观的表现方式表现出来，让数据说话，提高分析结果的客观性和科学性。例如，新浪微博每年都会发布年度微博白皮书，用数据证明微博的使用与发展状况。社会思潮的引导者可以对相关平台进行数据分析，密切掌握网民的思想动态并进行科学判断。二是预测性分析。通过数据挖掘和数据分析，掌握一定的规律性，从而对事物作出预测性的判断。引导者可以就某个社会思潮相关信息"浏览量"这一因子进行数据挖掘，分析引导工作前后的数据差别，预测社会思潮的走向，评估工作效果。三是数据管理能力。大数据分析需要建立数据仓库（数据库）进行数据存储，并按照不同的因子进行数据分类，方便数据抽取、转换、加载、查询和访问，方便科学有效开展数据分析。把大数据分析引入到舆情获取，除了能有助于分析当下舆情并进行引导活动以外，还能有效预测出网民的需求和喜好，为其提供个性化服务，同时对错误社会思潮进行有效识别、跟踪和预警，查找出相关的漏洞，有助于开展下一步引导工作。

（三）网络舆情引导过程

根据网络舆情的发展规律，我们把网络舆情引导过程划分为网络舆情预警阶段、网络舆情控制阶段和网络舆情消除阶段（见图 6.2）。

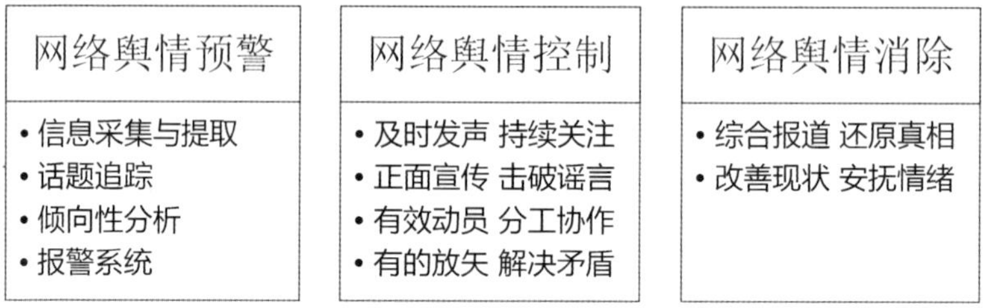

网络舆情预警	网络舆情控制	网络舆情消除
• 信息采集与提取 • 话题追踪 • 倾向性分析 • 报警系统	• 及时发声 持续关注 • 正面宣传 击破谣言 • 有效动员 分工协作 • 有的放矢 解决矛盾	• 综合报道 还原真相 • 改善现状 安抚情绪

图 6.2　网络舆情引导过程图

第一，网络舆情预警阶段。要充分运用前期获取的舆情数据，对热点话题进行追踪，把握话题走向和舆论发展态势，并通过倾向性分析明确网民的感情、态度、观点、立场等主观反映。例如，许多网页资讯后面都有心情评价的选项，分别为"感动、同情、无聊、愤怒、新奇……"等，根据用户的相应选项对用户的情感倾向性做出判断。之后需要综合分析信息，对具有严重安全隐患的舆情启动报警系统。引导者要提前建立好分级预警机制和联动机制，一旦出现突发状况，迅速启动，联合各级各部门，及时有效地处理相关事项，确保引导工作顺利有效进行。在处理突发事件时，需要把握问题导向原则，即抓住根本矛盾，以解决问题为第一位，而不是一味推诿，逃避问题，或企图封锁消息和制造虚假消息来误导群众。只有让群众感受到是从根本上解决问题，才能提高群众对引导者的信任度，才能提高主流意识形态的说服力。

第二，网络舆情控制阶段。这一阶段是网络舆情引导的关键环节，需要把握四大原则。首先是"及时发声，持续关注"。意识形态的阵地，我们不去占领，敌人就会去占领。在全媒体时代，人人掌握了发声的主动权，如果引导者不及时有效地发声，就给了错误社会思潮发声的机会。因此，在事件发生之后，引导者要抢占先机，对事件进行客观性的报道，以免一些网民主观臆断性地发声，误导舆论走向。同时，引导者还需要持续进行官方权威的报道，回应社会群众对这一事件的关注，既可体现引导者积极主动的态度，又有效阻止了谣言的散播。其次是"正面宣传，击破谣言"。网络舆情引导的过程也是与错误社会思潮进行较量的过程，真理与谣言总是相伴相随，引导者要坚持以正面宣传为主，弘扬正能量，稳定社会情绪，同时需要旗帜鲜明地击破网络上出现的谣言，牢牢控制舆情的走向，以免发生群体性破坏事件。再次是"有效动员，分工协作"。社会思潮的传播、舆情的发酵本身就是一个社会动员的过程，"任何群体行为都必然包括有效的行动动员，动员者通过宣传、示范、渲染、暗示等方式，强化结构性紧张和普遍情绪阶段形成的认知与态度，使参与者对某事的态度转化为对某事的具体行为，并在互动的过程中形成临时的群体性的规范与规则，动员、组织、指导和规范参与者的目的和行为"①。相对应的，网络舆情的引导也离不开社会动员。引导者应该充分协同其他主体，特别是网络意见领袖和媒体的作用，确保两者观点与引导者的观点保持一致，将主流意识形态的观念传得更广。最后是"有的放矢，解决矛盾"。网络舆情缘起于社会事件和社会冲突，蕴含着一定的社会矛盾，只有从根源上解决了矛盾，才能最终做好舆情引导。因此，在网络舆情引导中，不应闪烁其词、规避责任、封锁消息，应该直面现实，妥善解决人民内部矛盾，防止其演变为阶级矛盾。

第三，网络舆情消除阶段。网络舆情的消除有三种方式：一种是通过不断删帖等方式，控制舆情的发布源头，最终使舆情消失；第二种是冷处理，不对舆情做出反应，使舆情随着时间的推移而消失，让人民群众的情绪逐渐冷静下来；第三种是通过前期的积极预警和控制，让人民群众客观、理性、

---

① 赵鼎新：《社会与政治运动讲义》，社会科学文献出版社，2006，第65页。

正确地对待舆情事件。第一、第二种消除方式是社会矛盾的积压，只会给人民群众带来更多的困惑和不满，为下一次网络舆情的爆发埋下隐患。因此，正确的网络舆情引导要力求实现第三种舆情消除方式。首先，引导者要做到"综合报道，还原真相"。经过前期的控制，人民群众对社会事件发生的经过已经有了一个较为全面的认知，但网络信息纷繁复杂，在海量的信息中，网民有可能会再次受到其他信息的误导，因此，在深入调查事件缘由的基础上，引导者应该利用权威媒体发布综合报告，详细阐述事件原因和经过，还原真相。其次，引导者还要做到"改善现状，安抚情绪"。网络舆情也被称之为民意的"晴雨表"。在舆情消除后，要客观分析舆情背后反映的利益诉求，改善现状，满足人民群众的合理需求，安抚群众的不满情绪，以免类似舆情的再次发生。因此，舆情引导的最终，应该是不断解决我国在发展过程中出现的问题，完善相关制度和法律法规，保障人民权益，强化人民群众对社会主义意识形态的认同，只有这样，才能有效转化灰色空间，压缩黑色空间。

2015—2016 年，针对"加多宝借侮辱先烈邱少云恶性营销"一事，各主流媒体在舆情应对和舆情引导过程中发挥积极作用，实现了对历史虚无主义思潮的引导，提高了网友对历史虚无主义的警惕，并帮助网友准确认知英雄人物和历史事件。

案例3　加多宝借侮辱先烈邱少云恶性营销①

2015 年，加多宝官方微博发布的一条营销信息激起了网友们的强烈抗议。原博文如下："多谢@作业本，恭喜你与烧烤齐名。作为凉茶，我们力挺你成为烧烤摊 CEO，开店十万罐，说到做到……"深谙微博话语生态的网民都知道，这里的"烧烤"，指向的是微博大 V "作业本"发布的"由于邱少云趴在火堆里一动不动最终食客们拒绝为半面熟买单，他们纷纷表示还是赖宁的烤肉较好……"。在微博话语体系里，"作

---

① 中青网评：《加多宝怎敢侮辱英烈搞营销？》，http://pinglun.youth.cn/ttst/201504/t20150417_6584571.htm，访问日期：2024 年 5 月 21 日。

业本烧烤"是有着特指的，是侮辱邱少云的段子，许多媒体都曾刊文严厉批评。正因如此，加多宝该条微博引起广大网民的热议和强烈反感，2000 多条留言里基本上是一边倒的批评。

以上网络舆情中，网民包含微博大 V"作业本"、加多宝公司及其微博运营人员和其他网民，舆情发酵主要平台是微博和论坛。该舆情在网上迅速蔓延发酵，引发人民群众在网络上关于"网络调侃是否可以无下限""英雄人物是否可以在网络上被侮辱"等讨论，掀起了针对历史虚无主义思潮的一番热议。随后，邱少云烈士家属针对这一现象向北京市大兴区人民法院提起诉讼，线上舆情蔓延到线下社会。在这起网络舆情事件中，有关部门迅速获取相关信息，顺势进行引导。人民网通过网络平台发表《捍卫英雄尊严　激发前行力量》的理论文章，对此现象进行批判，引导人民沉思英雄的价值和历史的分量，抵制历史虚无主义现象；邱少云烈士纪念馆馆长王成金在网络上发声，详细介绍了邱少云烈士的英雄事迹，用历史事实引导网络舆情，帮助网友抵制历史虚无主义思潮；一些网络意见领袖也借由微信、微博等平台对此事件进行发声，发布《加多宝侮辱重庆先烈邱少云　重庆人民快来签名让他道歉！》和《加多宝侮辱重庆先烈邱少云　山城人民第一个不答应！！！》等帖子，得到了网民的关注和响应……网络上迅速形成了一股抵制历史虚无主义思潮的合力。直至 2016 年 9 月 20 日，北京市大兴区人民法院一审宣判，对于孙杰（微博名"作业本"）、加多宝（中国）饮料有限公司侮辱革命烈士邱少云一案，判决两被告向邱少云的弟弟邱少华赔礼道歉、消除影响，赔偿精神损害抚慰金 1 元。此次网络舆情的出现与历史虚无主义的网络传播紧密相关，引导者在舆情引导的过程中实现了对历史虚无主义思潮的辨析，并进一步宣传了社会主义意识形态。

三、网络监管治理法

在对不同社会思潮进行辨析后，要旗帜鲜明地抵制错误思潮或一些社会思潮的消极因素。网络空间丰富多彩却又鱼龙混杂，网络霸权、网络诚信与道德缺失、网络恶意攻击等问题层出不穷，各种社会思潮运用网络对我国人民群众开展意识形态渗透时有发生，一些直接威胁着社会稳定和国家发展，网络治理刻不容缓。

（一）加强网络管控

网络管控主体是引导者，是自上而下的、单一主体的方法，倾向于通过制度、审查、考核、惩处等方式实现管控目标。20 世纪 90 年代，网络管控还处在依靠技术的阶段，局限于 IT 技术人员研究出能够抵御一定病毒和漏洞风险的软件。随后，政府不断介入，完善法律法规，联合中宣部、新闻出版总署、网信办、安全部、文化部等部门，综合开展管理机制。在社会思潮的网络引导方面，政府先后颁布了《信息网络传播权保护条例》《中共中央关于深化文化体制改革、推动社会主义文化大发展大繁荣若干重大问题的决定》《"宽带中国"战略及实施方案》《中华人民共和国网络安全法（草案）》《关于促进移动互联网健康有序发展的意见》等重要文件，明确网络信息管控的职责、内容和手段等。在各部门联合行动的背景下，我国社会思潮网络安全问题得到了一定的解决。例如，不断加强对虚假信息传播的惩处力度，让一些错误社会思潮失去在网络上煽动民意的途径。再如，对网络信息的过滤和严格把控，进一步净化了网络空间，保证了人民群众接收更多正能量的信息，确保与主流意识形态同向同行、同频共振。

网络管控是国家宏观调控在网络管理上的体现，是引导者主导权的保证，充分体现了引导者的主观能动性，具有必要性和可行性，也取得了一定的效果，但同样呈现出弊端。网络具有开放性、多元性、自由性、虚实结合性等特点，引导者常用的过滤、删除、制止、惩罚等手段，在一定程度上体现为被动的抵挡和强制的管控，缺乏积极和有效的防治，容易使人民群众感觉个人网络隐私被侵犯、网络自由被限制，更有甚者，成为网络暴民，走向与政府的对立面。一些西方资本主义国家也曾基于这一现象对中国的政治制度进行妖魔化，污化中国，认为在中国，网民没有人权，大肆推行所谓的西方普世价值，煽动我国人民群众的情绪。因此在抵制这一错误思潮的同时，我们也该清醒地认识到，网络管控只有与人民群众参政议政的权利结合起来，充分体现人民群众的主体地位，才能达到更好的效果。

值得一提的是，我国现阶段的网络管控在意识形态建设方面较为突出，对有关政府工作内容方面的管理更为完善，并倾向于网络政治领域的管控，但对网络经济、网络文化等方面的管控还不够。这让人民群众产生一种错觉：网络政治处于"严管死控"领域，略显枯燥无趣，常识性的知识不需要反复强调和学习，高大上的方针政策与我的生活无关，因此反而失去了对网络政治的参与热情；网络经济、网络文化领域等却充斥着各种"新奇"的信息，具有无限可能，人们可以暂时摆脱线下的各种身份，在网络世界相对自由地翱翔，因此积极性得到了极大的提升。从每天的微博热点、百度热点等，就可以看出人民群众对娱乐等信息的热烈追崇，对政治领域问题的惨淡关注。一些社会思潮正是抓住了这一点，将意识形态渗透于这些内容之中。近几年来，一些影视题材的作品中充斥着的历史虚无主义思潮和新自由主义思潮就是最好的例子。因此，在网络管控法的使用过程中，应该坚持五位一体，经济、政治、文化、社会、生态文明一盘棋，不断强化对其他领域的管控并将社会思潮的网络引导贯穿其中，加强对人民群众关注热点的引导。在对政治领域管控的同时，也要注重宽严相济和方式方法的创新，不断提高政治领域宣传教育的吸引力和人民群众的参与热情。

（二）完善网络监督

网络监督在一定程度上弥补了网络管控的不足，网络监督的监督主体是人民群众，实行自下而上、多元主体的方法，监督的对象涉及党政机关和其他网民，立足点在于提高人民群众的参与度。网络监督的方法包括投诉、举报、信访、爆料、建议等，和传统的监督体系相比，网络更加便捷、快速、有效，并且覆盖到人们生活中的方方面面。在全媒体时代，信息无处不在、无所不及、无人不用，每个网民在网络中享有知情权、参与权、表达权和监督权。在社会思潮网络引导过程中，充分发挥人民群众的网络监督权是调动广大人民群众积极性的有效方式，体现了人民群众的主体地位，使引导体系更加民主、立体和有效。

网络监督在使用过程中，首先要确定监督主体的合法性。我国宪法明确规定中国公民有言论、出版的自由，有行使监督的权利。2017 年 6 月，我国开始实施《中华人民共和国网络安全法》，明确指出："国家保护公民、法人和其他组织依法使用网络的权利""任何个人和组织有权对危害网络安全的行为向网信、电信、公安等部门举报。收到举报的部门应当及时依法作出处理；不属于本部门职责的，应当及时移送有权处理的部门。有关部门应当对举报人的相关信息予以保密，保护举报人的合法权益。"但在实际运行过程中，网络的复杂多元、虚实结合、瞬息万变增加了工作的难度，国家虽然鼓励开展网络监督，但有时监督权的合法性得不到保障，一些政府部门对网民的监督带有疑惑，无法明确其真实性，置若罔闻，从而导致网民的监督得不到政府部门的回应和认可，降低了人民群众的参与热情。再者，部分群众的注意力得到转移，将更多的监督权指向其他群众，一些人甚至以一种宣泄式的方式滥用监督权，对他人造成伤害。因此，为确保人民群众合法、合理、有效行使网络监督，有关部门应该加强立法，坚持德法兼治的原则，在立法过程中，要坚持权利保护优先原则，给予人民群众适当宽松的行使权力的环境，但同时要规范其权利的范围、行使权力的方式方法等，使人民群众的网络监督权更加规范有效。

其次要提高监督主体的素质。监督是对他人或某一事物进行监视、督促和管理，从而使其结果能达到特定的目标。在社会思潮网络引导过程中行使网络监督法，目标就是促使人民群众能够在思想观念和价值取向上获得共识，能够保持与主流意识形态的同向同行、同频共振。可见，要正确行使网络监督权，首先要求监督主体能够有正确的政治立场和较高的思想觉悟，能够明晰自己的监督目标，而不是漫无目的地开展监督，更不应该滥用监督权，使这项民主权利成为自己宣泄不满的渠道。在网络上，不乏出现键盘侠、人肉搜索、网络暴力、网络谣言等现象。电影《搜索》和电视剧《我们与恶的距离》形象生动地展示了网民滥用网络监督权给个人、家庭和社会带来的巨大伤害。"三人成狼，五人成虎"，网络的力量可以迅速揭开事情的真相，但也可以摧毁一个人的人生。因此我们应该从教育入手，将网络素养教育贯穿从小学到大学的全学段，同时开展全民网络素养和安全教育，引导人民群众提高个人网络素养，正确、合理、合法地行使网络监督权。

（三）促进网络协同治理

网络管控和网络监督利弊共存，随着我国网络安全观的不断完善，特别是十八大以来，在习近平网络强国战略思想的指导下，我国从网络管控、网络监督转向网络协同治理。治理与管控、监督的区别可参见英国学者格里·斯托克的治理理论，包含五个论点："（1）治理是出自政府、但又不限于政府的一套社会公共机构和行为者。（2）解决社会和经济问题的责任，不仅仅在国家，也包括私营部门、志愿团体和公民社会。（3）从治理的视角来看，统治也就是一个互动的过程，涉及种种形式的伙伴关系。（4）实行治理旨在使参与者最终形成自主自治的网络。（5）政府的权力不是体现于命令或者权威，而是运用新的引导方式办好事的能力和责任。"①。网络协同治理的主体是由政府、企事业单位和人民群众组成的多元有机整体，强调各主体间的合作共赢，营造出一种"网络安全，人人有责"的治理氛围，构建自觉、自主、自治、共享的网络空间治理体系。同时，网络协同治理还应该联合全世界的力量。习近平总书记在第二届世界互联网大会开幕式上的致辞中提出了构建网络空间命运共同体的主张，并详细阐述了"四项原则"和"五点主张"，为世界互联网治理提供了中国方案。

在网络空间治理问题上，受不同社会思潮的影响，国家也显现出不同的态度。美国等西方资本主义国家鼓吹自由主义，主张人人在网络上自由发声，政府无须介入，不断淡化网络主权，但事实上美国是全球在网络领域立法最多的国家，打着自由主义的口号实现其霸权主义的目的。而中国则强调网络主权，反对网络霸权，国家不仅应该介入，更应该发挥重要的主导和监

---

① 格里·斯托克、华夏风：《作为理论的治理：五个论点》，《国际社会科学杂志》（中文版）1999年第1期。

管作用，但同时应该协同社会其他力量，旨在通过合作共赢，打造共建共治共享、民主透明的网络空间治理模式。虽然各多元主体在网络空间的利益诉求不同，但面对网络安全隐患，各主体只有加强合作对话，才能消除隐患，维护自身利益，实现共同发展。可见，网络协同治理法的运用，本身就是对自由主义思潮的一种强而有力的反驳。

使用网络协同治理法开展社会思潮的网络引导时，要凝聚多元主体（政府部门、高校、企业、人民群众）的共同目标，搭建沟通的平台，激发合作的内在动力。宣传思想工作主管部门要加强宏观调控，制定和完善规章制度，使多元主体有章可循；主流媒体要充分运用互联网平台为人民群众提供有效服务，在服务中达成共识；高校应该充分发挥其理论研究的优势，以理论指导实践，从青年学生群体入手，总结更多的社会思潮网络引导经验；企业要勇于承担责任，在国家法律法规的指导下，加强内部制度建设，强化平台责任，完善网络实名制，不断建立其信用体系，自觉接受政府和人民群众的监管；人民群众要树立正确科学的网络观，不断提高自我的网络素养，自觉参与到社会思潮的网络引导工作中来；有关部门还应该加强对网络道德失范现象、网络犯罪现象的整治，综合施策、标本兼治，运用经济、法律、技术、行政和社会管理、舆论监督等各种手段，有力惩治网络失德和网络犯罪行为，不断净化网络环境。

第三节　社会思潮网络引导中的技巧

技巧，指巧妙的技术和方法，是主体在社会实践活动中，根据事物的发展规律，在遵循原则的基础上，对操作方法的总结与创新，以实现最低投入获得较高收获的效果。技巧是微观层面的方法，从根本上来说，技巧是事物内部规律的外在表现；从实践主体来说，技巧是主体主观能动性的直接体现；从效果上来说，技巧在很大程度上决定了社会实践活动的结果。在社会思潮的网络引导过程中，可以使用化整为零、以小见大、情景模拟法等技巧。

一、化整为零法

化整为零，即把一个整体分成许多相互联系、互相影响的零散部分。化整为零法是人们在认识世界、改造世界过程中常用的方法技巧，是变抽象为具体的过程，特别是在面对较大、较复杂、较烦琐的问题时，化整为零有助于我们化繁为简、循序渐进、各个击破。毛泽东在《抗日游击战争的战略问题》中指出："一般地说来，游击队当分散使用，即所谓'化整为零'。"[①]抗日战争时期，就是在我党长时期开展的游击战中广泛动员了人民群众，以群众高度的流动性、灵活性、主动性等特点，以袭击为主，为抗日战争作出了突出贡献。除此之外，化整为零法还广泛运用于政治、经济、教育教学等各领域。

社会思潮网络引导涉及思想政治教育学、传播学、心理学等各方面，是一个全面、系统、烦琐、复杂的意识形态建设工作，化整为零法的运用能有效促进工作的顺利进行。

面对网络舆情，引导者首先需要整体把握这些现象，通过后台抓取信息，总结网络言论出现的平台、频率和网友互动的情况，分析现象后面蕴含的本质。用社会主义意识形态引领社会思潮是一个复杂的过程，如果引导者采取通稿的方式，系统阐述这些言论后面的思想根源，分析这些社会思潮的历史渊源和现实表现，再阐述社会主义意识形态的优越性等，对于网友来说，很难接受且难以传播。我们可以对引导目标、引导主体、引导内容进行分割。

第一是引导目标的分割。可以分割为平缓网友情绪、批判错误之处和开展正面宣传三个分目标。第二是引导主体的分割。可以通过宣传思想工作主管部门、网络意见领袖、社会主流媒体等多方主体进行介入，分别从不同的渠道开展引导工作，占领不同的网络阵地。第三是引导内容的分割。如可以将内容分割成更小的故事，通过轻松、立体、形象的故事一一展开，循序渐进、以浅入深。

①《毛泽东选集》第 2 卷，人民出版社，1991，第 413 页。

在化整为零法的运用过程中，需要注意以下两个方面。

一是正确看待化整为零和化零为整的辩证关系。化整为零是将整体划分为各个部分，而化零为整是将分散的部分整合成一个整体，两者之间辩证统一。化整为零是建立在对整体的全局把握基础上，也就是需要提前做到化零为整。特别是在网络世界，各种信息纷繁复杂，零散多元，但这些分散的信息中间，具有一定的联系和规律性，引导者要善于从多元的网络信息中总结出背后的本质，从整体的角度把握事情的发展方向，需要具备化零为整的能力。除此之外，在引导工作后期，也要再次进行化零为整，要把引导过程中分散的目标、内容、主体进行整合，开展经验总结，以便实现螺旋式上升。可见，社会思潮网络引导过程，是一个"化零为整—化整为零—化零为整"的过程，是"具体—抽象—具体—抽象"过程的实际运用。

二是将化整为零与网络的规律结合起来。在网络信息的传播过程中，重如泰山的信息不易传播，轻如鸿毛的信息却可以飞得更高、传得更远。网络信息追求短小精悍、快速便捷、深入浅出，不宜进行长篇大论，这与化整为零的要求高度统一。"两微一端"的普及，更是对网络资讯的长短与风格提出了要求。例如，微信的图片数量有上限要求，公众号（订阅号）一天只能群发一次，发表的公众号文章只提供一次修改的机会且只能修改 20 个字符。要充分运用好这些广受人民群众喜爱的网络平台，就要求引导者具有较强的化整为零的能力。当然，化整为零并不等于破碎化，其"零"的各个部分是具有内在联系和统一性的，是循序渐进的，是引导者有计划、有目的、有步骤的分散多元引导过程，最终都是为了实现引导目的。引导者在化整为零的同时，还要注意发布的时机，及时、集中、持续发声，使所有"零"的过程保持一定的节奏和冲击性，以达到有效引导的目的。

二、以小见大法

以小见大法，即通过小事物、小事件、小题材等揭示深刻的内容和重大的主题，从小处落笔揭示大处，通过小部分揭示整体的方法。寻常处见功力，细微之处见真章，小事件、小题材、小细节最能体现事物的本质。在社会思潮网络引导过程中采取以小见大法，就是要把社会主义意识形态转化为老百姓身边看得见、摸得着的一件小事、一个典型案例、一个小细节，通过接地气、具体化、故事化、通俗化的方式，将社会主义意识形态落细落小落实，使引导过程生动活泼，充满生活气息，富有生命力、感染力和亲和力。

小和大之间具有辩证统一的关系。首先，所选择的小事、典型案例、小细节等，必须充分蕴含大道理、大主题，而且应该是最具有典型和突出意义的。例如，一年一度的"感动中国人物"评选活动，就是选取人们生活中平凡但具有代表性的典型人物进行宣传报道，以此宣传社会主义核心价值观。其次是必须挖掘小事中的大道理。社会思潮的网络引导如果只注重宏观的角度，会使引导活动黏性不足，但如果只注重微观角度，一味浅显地宣传生活琐事，而不注重内容的提升，则会使引导工作陷入庸俗化的境地。

（一）小故事突出大主题

故事是最好的信息载体之一，古今中外、从市井生活到经典著作，从童话寓言到英雄传说，人们对于故事的热爱从未消退。全媒体时代，各类媒体更是注重通过讲故事的方法传递信息，感染受众。娱乐节目经常穿插着各种感人的小故事，各类自媒体热衷于挖掘人们所不知道的奇闻逸事，微信微博成为人们"短篇故事"生产地。美国作家乔纳森·歌德夏在其《讲故事的动物：故事造就人类社会》一书中指出："'故事'不仅仅是一种休闲娱乐的方式，更是人类强化大脑、学习未知、面对大自然和社会复杂情况时的一种反应和一种手段。"相对于绘画、音乐、舞蹈等其他文化表现形式，故事的门槛最低，最易看懂且易于传播。社会思潮的引导是一个宏大的主题，这样的主题应该化成无数个动人心弦的小故事。故事源于生活又超越生活，人民群众日常生活中拥有各种各样的故事题材，引导者应该善于挖掘动人故事，通过故事折射出人间百态和万千道理，引发人们结合自身的人生经验进行深思，经过内化后感悟出深刻的道理。

人民日报官方微信每晚的《夜读》栏目，经常通过娓娓道来的小故事，向人民群众讲述人生大道理。夜深人静，在卸下了一天的疲惫之后，人民日报的小故事，总能触动一些群众心中最软的部分，让人们内省反思，去感受人生道理，调整自我，成为更美好的自己。

（二）小人物突出大时代

千千万万普通人最伟大，无数默默无闻的小人物聚成了恢宏的时代画卷。中华民族始终把实现个人价值和国家民族的命运紧密地联系在一起。"修身，齐家，治国，平天下"，个人成长是国家发展的基石，国家发展是个人成长的有力保障，每个小人物的命运变迁和人生经历都可以折射出时代的风云变化。网络社会，人人都有麦克风，人人都是主体，越来越多普通人参与到社会政治、经济、文化的建设和讨论过程中，网络的草根性得到凸显。在一定程度上，网络草根文化体现的是人民群众日常生活，较少受到权威中心的控制，是有别于主流文化的网络表达方式，体现出互联网时代权力的分散和转移。对比权威人物，草根小人物与网友们的距离更近，更能引发群众的共鸣，网络给了每一个小人物话语表达的权利。

小人物既是社会思潮网络引导的对象，更是社会思潮网络引导的主体。在社会思潮网络引导过程中，选取的小人物必须具有典型性和代表性，能够反映出整个群体的特征，最大范围的引起共鸣。例如，团中央就在基层广泛开展"寻找乡村好青年"的活动，线上线下联动，号召人民群众用家乡话讲身边人、身边事，讲述平凡人的不平凡人生，感动邻里乡亲。活动一开始就受到人民群众欢迎，相关话题就得到了超过百万网友的互动。除了正面的典型之外，在引导过程中，也要注重负面典型的警示教育作用。例如，引导者可以选取一些受保守主义思潮、民族主义思潮、新自由主义思潮等影响的个人的事，通过这些个人的故事，去阐述这些思潮的理论逻辑和现实诉求，从而帮助人们更好地抵制错误社会思潮的影响。

三、情景模拟法

人们之间的交往互动是口头语言、肢体语言、文字符号等元素综合起来的信息交流，是鲜活的个体所具有的情感、意识、行为在各个情境下的交流与互动。相对于线下的交往实践，网络交往实践超越了时间和空间，大多数情况依赖于网络符号进行，坐在网络终端前的个体展开对这些符号"接收信息—发挥联想—具体化信息"的过程。在这个过程中，受个体差异性的影响，信息的传递会呈现出一定的差异性，网络交往实践活动也被蒙上了一层神秘感和无限可能性。随着 5G、VR、视频等技术的发展，互联网上的交往实践活动变得越来越立体、形象和具体。开展社会思潮网络引导，为减少引导者和受众之间的信息互动误差，实现两者的信息高度统一，需要不断引入线下生活的交流互动方式，通过 VR 代入、情绪引导等方式，情景模拟使引导过程更加真实、立体、有效。

（一）VR 代入法

1929 年，埃德温·林克发明了一种飞行模拟器，开启了 VR 探索之路。在信息技术的推动下，经过几十年的发展，1989 年美国 VPL 公司的创立者杰龙·拉尼尔明确提出了虚拟现实（Virtual Reality，VR）一词。"虚拟现实是以计算机技术为核心，结合相关科学技术，生成与一定范围真实环境在视、听、触感等方面高度近似的数字化环境，用户借助必要的装备与数字化环境中的对象进行交互作用、相互影响，可以产生亲临对应真实环境的感受和体验。虚拟现实是人类在探索自然、认识自然过程中创造产生，逐步形成的一种用于认识自然、模拟自然，进而更好地适应和利用自然的科学方法和科学技术。"[①] 21 世纪以来，VR 技术广泛运用于医疗、工程、军事、航空、航海、教育等各行各业，并逐渐形成了"VR+"模式。

关于 VR 等人工智能技术在意识形态建设方面的运用，学术界有不同的

---

① 赵沁平：《虚拟现实综述》，《中国科学（F 辑：信息科学）》2009 年第 1 期。

意见。虽然尚有许多未开发之处，但"针对社会意识形态的状况，人工智能可能有更多的用武之地，因为社会意识有更多相对客观的载体，书籍、文艺作品、自媒体上留下的数据痕迹等，对这些数据的分析使我们能够实时把握一段时期社会意识形态的变化趋势"[①]。习近平总书记也在全国高校思想政治工作会议上强调："要运用新媒体新技术使工作活起来，推动思想政治工作传统优势同信息技术高度融合，增强时代感和吸引力。"[②]VR技术最大的优点就是强大的代入感，能够给人一种身临其境的感觉，可以提高社会思潮网络引导的时代感和吸引力。人的思想观念、价值取向的形成，需要经过一个内化的过程，而这个内化必须和社会实践紧密结合起来，通过实践促进人民群众将主流意识形态的要求转化为个人的行为准则和价值追求。因此，社会思潮的网络引导必须延续到线下，与线下的社会实践结合起来。而VR技术的引进，则为我们提供了极大的便利，大大提高了工作效率。通过VR技术，可以让受众进入预设的情境，增强体验感以开展虚拟的社会实践。例如，我们在开展历史虚无主义思潮的引导中，可以通过VR技术，让受众进入历史情境中，通过模拟去还原历史的真相，为受众提供直观、形象的多重感官刺激，这种身临其境的感觉甚过于大量的文字描述。VR技术还能有效增强引导者和受众之间的互动性，激发受众参与的积极性，形成良性互动。除此之外，VR技术的使用还可以弥补我们对特殊群体开展社会思潮引导的缺陷，如聋哑人、盲人等。教育引领也在不断进行"VR+课堂"的探索。2023年，广东省佛山市顺德区启智学校开发了国内首个将VR技术应用于启智课堂教学的实用性软件系统——"启智灵境"智慧教育空间，这套系统包含了60多个VR教育应用内容，与培智新课标对应，并融合特教课程的内容，实现了认知、语言、动作、社会交往等教学内容的整合和突破，为智力障碍和自闭症儿童的发展搭建起了有效的桥梁和台阶，让学生学习变得更简单、更快

---

① 常宴会：《人工智能在思想政治教育中的应用前景和价值前提探析》，《思想理论教育》2019年第8期。

② 《习近平在全国高校思想政治工作会议上强调 把思想政治工作贯穿教育教学全过程 开创我国高等教育事业发展新局面》，《光明日报》2016年12月9日第1版。

乐、更高效。学校作为社会思潮引导的重要阵地，这一改革也将进一步促进社会思潮引导的有效进行。

主流媒体是社会思潮网络引导的重要引导者。近些年来，国内外媒体纷纷加入了 VR 阵营。2017 年，美国有线电视新闻网（CNN）宣布成立"CNNVR"的虚拟现实新闻部门，专注于 VR 新闻。纽约时报（New York Times）、美国有线电视新闻网和英国广播公司（BBC）等多家国外主流媒体都开始使用 VR 技术。在我国，VR 技术的引进也让两会报道充满时代感、科技感，富有吸引力。据统计，在 2016 年两会期间，人民网、新华网、光明网、央视网、腾讯网和网易网呈现的 VR 全景作品达 77 个，占这 6 个媒体两会报道总数的 16.6%，有效推动了媒介融合和媒体技术改革。谁掌握了科技，谁就掌握了抢占阵地的主导权，以 VR 技术为代表的高科技在网络意识形态斗争中占据着重要地位。在信息技术高速发展的新时代，更好地开发和使用 VR、AR 等技术，是社会思潮网络引导的关键之举。

（二）情绪引导法

情绪在互联网信息传播过程中起着重要的作用，情绪既是发布者和受众之间的纽带，又在一定程度上推进了信息的传播，一些情绪的堆积还有可能从线上延续到线下，促成集体事件的发生。网络信息在形成和传播过程中，受发布者、传播者个人成长背景、生活环境和知识体系的影响，会带有其主观情绪。社会思潮的传播过程从一定程度上来看，就是情绪感染的过程，是受众与传播者心理上的共鸣，是情绪感染到情绪渗透的过程。情绪具有即时性和不可控制性，使得网络上情绪的感染与渗透显得尤为复杂，蔓延速度快、范围广。例如，在现在的微信、微博的话题中，所占比例最高的就是个人情感类的表达。网络的多元互动、快速便捷等特点，进一步促进了各类情绪之间的迅速传染。网友之间的情感关系和情绪传染强度成正相关，关系越近，情绪传染越快，因此，一些意见领袖的情绪传染性很广泛，且具有较大的盲目性、从众性和极端性。例如，一个拥有众多微博粉丝的明星，如果发布了一条较为悲观、沮丧的微博，有可能引起整个粉丝群体悲观、沮丧情绪的蔓延。

网络情绪的蔓延容易引起相应的效应，"网络媒介的传播中存在大量的情绪，同时也存在着情绪感染、'情绪启动'、情绪'社会比较过程'等，从而形成传播链路中的'情绪设置'现象与效应"①。在社会思潮网络引导中，我们同样可以通过情绪引导，唤起人民群众的某种情绪，或者决定人民群众以什么样的情绪关注相关信息，而这种情绪会对社会思潮的传播及引导产生作用。

"喜、怒、忧、思、悲、恐、惊"都是人类正常的情绪表现，我们在设置情绪时，目的不是为了使网络上始终保持某一种情绪，而是要清楚地认识到哪一种情绪有利于实现社会思潮的网络引导。不同的情境适应于不同的情绪，勒庞在《乌合之众》中指出："感性的、本能性的情绪特别容易传染，而理智的、冷静的情绪在群体中丝毫不起作用。"②以主流媒体为例，媒体在新闻报道时，力求客观、公正地呈现新闻事实，但对于社会思潮的网络引导来说，过于理智、冷静的情绪无法引起受众的共鸣，主流媒体应该通过情绪的设置，将自身营造成为一个"鲜活、有态度"的发声者，直接拉近引导者和受众的距离，这也从侧面反映了网络社会对权威的一种解构。近几年来，各政府网站、高校网络宣传机构、主流媒体等逐步一改以往"正襟危坐"的冷冰冰形象，在信息的传播中辅之一定的情绪，唤起受众的情绪并在互动中不断传染，使社会思潮的网络引导过程变得更为立体有效，从而涌现了一大批如中央气象局等广受网友好评的网红官微。

---

① 徐翔、阳恬：《网络传播中"情绪设置"的同质效应与传导研究》，《中国新闻传播研究》2019年第1期。

② 古斯塔夫·勒庞著，语娴编译《乌合之众》，远方出版社，2016，第13页。

结　语

随着第四次工业革命技术的深入应用，社会思潮在网络上的传播不断发展变化，给我国意识形态建设带来了全新的挑战，社会思潮网络引导提上议程。以上对社会思潮网络传播及引导的研究，目的是更好地认识和把握社会思潮在网络上进行传播和发展的规律，尝试提出"主体互动"引导模式，并总结社会思潮网络引导的原则和方法，促进相关工作的顺利开展。

网络社会瞬息万变，不同社会思潮在网络上的表现形式、传播模式、发展态势等都将发生变化，人们的网络需求、网络信息接收模式和网络行为也将相应发生改变，因此社会思潮的网络引导需要在实践中不断总结和发展。

第一，社会思潮网络引导要"因事而化"。这里的"事"指的是需要解决的问题，即整个理论研究和实践探索要带着问题意识，去把握社会思潮网络传播及引导的现状，再寻求解决方法。只有准确抓住事物，才能做到解疑释惑和化解难题。社会思潮网络引导面临的现状既有错误社会思潮在网络上传播对个人、社会和国家带来的不良影响，也有现阶段我国在网络上开展社会主义意识形态宣传教育的一些困境，而解决这些问题的关键之处，在于把握社会思潮网络传播及引导的特殊性。网络社会的虚实结合性、技术理性、交互性、开放性等特点，使得社会思潮的网络传播呈现出主体间性，客体多元化和大众化，内容隐蔽性、民粹性和迷惑性，载体动荡多变性等特点。相应地，社会思潮网络引导呈现出阶级性与交互性的并存、线上与线下的统

一、破与立的结合等特征。只有从这些特征出发，把握受众的疑惑之处、困难之处、需求之处，才能使工作产生共鸣感和获得感，从而更好地迎接当下的挑战。

第二，社会思潮网络引导要"因时而进"。这里的"时"指时代的发展和需要，也指开展工作的时机与契机。只有综合考虑大环境和小环境，才能使社会思潮网络引导恰到好处。从大环境来看，网络对人类而言，已经不仅仅是一种工具，网络社会正在崛起，因此我们必须掌握社会思潮网络引导的原则，从引导者的角度出发，提高网络引导工作的话语供给力、解释力和吸引力，实现引导者与受众之间的适应超越和发展。同时，时代大背景推动了我们在工作中要注重以人为本，构建"主体互动"模式的社会思潮网络引导架构，结合引导者和受众的需求，实现良性互动。从小环境来看，社会思潮的网络引导要善于把握工作的时、效、度，善于抓住合适的时间节点进行主动、及时、有序、适度的发声，既结合受众的兴趣点，又考虑受众的感知与消化能力，由浅入深、由点到面、由易到难、有条不紊地开展社会思潮的网络引导。网络上，社会思潮纷繁复杂，斗争激烈，机遇与挑战并存，每一次多元社会思潮在网络上传播的时机，都有可能成为社会思潮网络引导的良好时机，要善于分析时局，开展网络引导，有的放矢地开展工作。

第三，社会思潮网络引导要"因势而新"。这个"势"指的是信息化技术发展的大局势，根据局势发展在方式方法上实现与时俱进和创新发展。在第四次工业革命的推动下，信息化技术深刻改变着世界局势的发展，"信息革命正在改变权力的本质""网络权力将成为全球权力的新态势""赢得全球主导权，网络权力将是博弈焦点之一"。① 网络已经成为意识形态建设的主阵地和主战场，过不了互联网这一关就过不了长期执政这一关，社会思潮网络引导成为这个大局势中的重要一环。《史记》说："善战者因其势而利导之。"社会思潮网络引导要善于在借势、谋势、造势中实现因势而新。因此我们必

---

① 约瑟夫·奈著，王吉美译《权力大未来》，中信出版社，2012，第 157—205 页。

须遵循时代发展的规律，坚持载体融合的原则，综合运用各类高精尖技术，实现移动优先、技术驱动、一体化发展。同时，还要将信息化发展规律和受众日益增长的美好生活需要结合起来，着力打造多元创新的网络品牌，生产积极向上的网络文化产品，提供立体有效的网络服务，实现引导者和受众之间良性互动和同频共振。

　　网络的复杂在于它的瞬息万变，而网络的魅力同样源于它的千变万化。对于思想政治工作者而言，社会思潮的网络传播及引导是一个常议常新的问题，机遇与挑战并存。"但是，在表面上是偶然性在起作用的地方，这种偶然性始终是受内部的隐蔽着的规律支配的，而问题只是在于发现这些规律。"①面对纷杂的现象，我们只能从本质入手，以不变应万变，从社会思潮的网络传播及引导的特征、要素、原则等入手，去总结它的规律，改进它的方法。

　　本书对社会思潮的网络传播及引导的初步揭示，一方面源于前辈们的不断探索，另一方面源于个人的研究与总结，虽有些许突破，但能力有限，对于浩瀚的学术研究来说显得微不足道，表述和观点都有待提升，或许随着时代的发展，相关结论需相应完善。前路可能充满了荆棘与挑战，却不是杂乱无章和不可知的。笔者坚信只要我们不断探索，善于总结，就一定能拨开云雾见晴天，在不断提升社会主义意识形态凝聚力和吸引力的同时，营造出风清气正的网络空间。

---

① 《马克思恩格斯文集》第 4 卷，人民出版社，2009，第 253 页。